© Marie-Pierre BESSON DE VEZAC
Édition : BoD · Books on Demand, 31 avenue Saint-Rémy, 57600 Forbach, bod@bod.fr
Impression : Libri Plureos GmbH, Friedensallee 273, 22763 Hamburg (Allemagne)
ISBN : 978-2-3225-1694-0
Dépôt légal : janvier 2025

Conformément au Code de la propriété intellectuelle, toute reproduction, représentation, adaptation, modification, diffusion ou exploitation de tout ou partie de cet ouvrage, par quelque procédé que ce soit, sans l'autorisation écrite préalable de l'auteur ou de ses ayants droit, est strictement interdite et constitue une contrefaçon passible de sanctions pénales (articles L. 335-2 et suivants du Code de la propriété intellectuelle).

L'usage privé ou pédagogique, sous réserve de citation correcte et proportionnée, est autorisé conformément aux exceptions prévues par la loi.

Marie-Pierre BESSON DE VEZAC

Les Ombres du Silence

Comprendre et Lutter contre les Violences faites aux Femmes

Je dédie cette étude à
toutes les femmes victimes de violence.
Puissent-elles trouver la force de quitter leur bourreau!

Car derrière chaque statistique, il y a une vie.

Et chaque vie sauvée compte.

"Les femmes et les filles sont souvent exposées à des formes graves de violence : violence domestique, harcèlement sexuel, viol, mariage forcé, les mutilations génitales... lesquelles constituent une violation grave des droits humains et un obstacle majeur à la réalisation de l'égalité entre les femmes et les hommes"

Convention d'Istanbul

Convention du Conseil de l'Europe sur la prévention et la lutte contre la violence à l'égard des femmes et la violence domestique, adoptée le 7 avril 2011, ouverte à la signature à Istanbul le 11 mai 2011

Introduction

Chaque année, des millions de femmes à travers le monde subissent des violences. Ces actes, qui prennent des formes variées, ne connaissent ni frontière, ni classe sociale, ni culture. Ils affectent des femmes dans des palais comme dans des bidonvilles, dans des métropoles modernes comme dans des villages reculés. Ces violences, qu'elles soient physiques, psychologiques, sexuelles ou économiques, ne sont pas des incidents isolés, des accidents ou des malentendus. Elles sont le fruit d'un système profondément inégalitaire, ancré dans des siècles d'histoire patriarcale, où les structures sociales, culturelles et économiques ont contribué à maintenir les femmes dans une position de vulnérabilité et de subordination. Ce système, malgré des avancées récentes en matière de droits des femmes, continue de marginaliser, de blesser, et trop souvent de tuer.

Ce constat, aussi accablant soit-il, ne doit pas conduire à la résignation. Il nous interpelle collectivement, car ces violences ne concernent pas uniquement les victimes. Elles révèlent la profondeur des déséquilibres dans nos sociétés, les silences complices qui les entourent, et les insuffisances des réponses apportées. Les violences faites aux femmes sont une urgence universelle. Elles ne sont pas seulement une question de droits humains : elles touchent aussi à la justice sociale, à la santé publique, et à la dignité fondamentale de tout être humain.

Cet essai se propose d'aller au-delà des chiffres pour explorer les racines de ce fléau, ses formes multiples et insidieuses, ainsi que ses conséquences souvent invisibles mais dévastatrices. Comprendre ces violences, c'est avant tout reconnaître qu'elles ne sont pas un enchaînement d'actes individuels, mais un phénomène systémique qui reflète une organisation sociale inégalitaire. C'est aussi mettre en lumière les mécanismes subtils qui les perpétuent : les normes sociales, les stéréotypes de genre, le poids des traditions et la complaisance des institutions.

Cependant, comprendre ne suffit pas ; il faut aussi agir. Ce livre est donc une invitation à réfléchir collectivement aux moyens de prévenir ces violences, de soutenir les victimes et de transformer nos sociétés. Il s'agit de briser les chaînes du silence, de dénoncer les injustices, mais aussi de proposer des solutions concrètes pour que chaque femme puisse vivre sans craindre pour sa sécurité ou sa dignité.

L'analyse commencera par un retour aux origines : pourquoi les violences faites aux femmes sont-elles si omniprésentes, et comment se sont-elles enracinées dans nos sociétés ? Nous explorerons ensuite les différentes formes de ces violences : des coups qui laissent des bleus aux mots qui fracturent l'âme, en passant par les privations économiques et les agressions sexuelles. Nous examinerons également les conséquences de ces violences, non seulement sur les femmes elles-mêmes, mais aussi sur leurs familles, leurs communautés, et sur la société dans son ensemble. Enfin, nous discuterons des solutions, en mettant en avant l'éducation, la réforme des institutions et la mobilisation collective comme clés pour un avenir plus égalitaire.

Ce livre ne prétend pas apporter toutes les réponses. Mais il aspire à poser les bonnes questions, à rendre visibles ce qui reste trop souvent caché, et à éveiller les consciences face à une réalité qui concerne tout un chacun. Les violences faites aux femmes ne sont pas une fatalité ; elles sont le produit d'un système que nous avons collectivement le pouvoir de transformer. Ensemble, nous pouvons bâtir un monde où chaque femme pourra marcher sans crainte, parler sans peur et vivre pleinement sa vie, libre et respectée.

Partie 1 : Les Racines de la violence faite aux femmes :

Les violences faites aux femmes ne surgissent pas spontanément, ni de manière aléatoire. Elles s'inscrivent dans une histoire longue, marquée par des dynamiques de pouvoir profondément inégalitaires et des structures sociales construites pour perpétuer ces déséquilibres. Ces violences, qu'elles soient physiques, psychologiques, économiques ou sexuelles, trouvent leurs racines dans des systèmes de domination qui dépassent les individus : elles sont le reflet d'une organisation sociale patriarcale, renforcée par des traditions, des normes culturelles et des interprétations religieuses qui ont longtemps légitimé, voire sacralisé, l'oppression des femmes.

À travers l'histoire, les rôles genrés ont souvent été définis de manière rigide et hiérarchisée. Les femmes, reléguées à la sphère domestique, étaient perçues comme des propriétés, d'abord de leurs pères, puis de leurs époux. Cette conception de la femme comme un être subordonné, au service de l'homme, a nourri des pratiques qui perdurent encore aujourd'hui. Dans certaines cultures, ce sont les mariages forcés, la dot ou les crimes d'honneur ; dans d'autres, ce sont les lois qui limitent l'accès des femmes à l'éducation, à l'emploi ou aux droits fonciers.

La domination masculine s'exprime également dans la manière dont les corps des femmes sont contrôlés. Des mutilations génitales féminines à l'interdiction du droit à l'avortement, ces violences symboliques et physiques visent à priver les femmes de leur autonomie, à dicter leur rôle, leur comportement, et même leur sexualité. Ces pratiques, bien qu'apparemment distinctes, partagent un objectif commun : maintenir les femmes dans une position d'infériorité et d'obéissance.

Les idéologies religieuses et culturelles ont souvent joué un rôle central dans la perpétuation de ces dynamiques. Bien que de nombreuses traditions spirituelles prônent l'amour et le respect, leurs interprétations historiques ont souvent servi à justifier l'inégalité des sexes. Des textes sacrés ont été utilisés pour affirmer que les femmes devaient obéir aux hommes ou accepter des souffrances en silence. Dans ce contexte, la violence devient non seulement tolérée, mais parfois normalisée ou justifiée comme un moyen de « corriger » ou de contrôler.

Les stéréotypes de genre, quant à eux, agissent comme des mécanismes subtils mais puissants pour entretenir cette inégalité. Ces stéréotypes inculquent dès l'enfance des rôles et des attentes : aux hommes, le pouvoir et l'autorité ; aux femmes, la soumission et la patience. Dans un tel cadre, la violence peut être perçue comme une manière légitime pour un homme d'affirmer sa domination, tandis que la femme victime est souvent blâmée pour avoir « provoqué » ou pour ne pas avoir répondu aux attentes sociales.

Enfin, il est essentiel de souligner que la violence contre les femmes prospère également grâce à la complaisance collective. Les familles, les communautés, et même les institutions ferment souvent les yeux ou minimisent les actes de violence.

Les expressions comme « c'est leur affaire privée » ou « ça arrive dans tous les couples » sont des exemples de cette complicité tacite, qui transforme la violence en une tragédie ordinaire.

Les racines de la violence faite aux femmes plongent profondément dans le terreau des inégalités sociales, des normes patriarcales et des traditions millénaires. Les extirper nécessitera non seulement un changement individuel, mais aussi une transformation structurelle à tous les niveaux : culturel, légal, éducatif et économique. Comprendre ces origines est une première étape indispensable pour déconstruire les mythes qui entourent ces violences et pour bâtir une société où chaque femme, indépendamment de son origine ou de son statut, pourra vivre libre et en sécurité.

1.1 La violence comme outil de domination

Les violences faites aux femmes trouvent leurs racines dans des structures patriarcales où les femmes sont historiquement perçues comme subordonnées. Ces violences ne sont pas de simples actes isolés : elles sont systémiques, soutenues par des normes sociales, des traditions, et des religions qui ont longtemps justifié l'infériorisation des femmes.

Depuis des siècles, les sociétés humaines se sont construites sur des structures patriarcales qui établissent des hiérarchies de pouvoir où les femmes sont perçues comme inférieures ou subordonnées aux hommes. Cette dynamique n'est pas accidentelle ; elle est profondément ancrée dans l'histoire culturelle, religieuse, et sociale de nombreux peuples. Les violences faites aux femmes, dans toutes leurs formes, ne sont donc pas des incidents isolés : elles sont des manifestations d'un système de domination qui utilise la force, la peur, et la coercition pour maintenir ce déséquilibre.

L'histoire des rapports de pouvoir

Dès les premières civilisations, les rôles genrés ont été construits sur une base inégalitaire, avec une division stricte entre les espaces publics et privés. Les hommes, associés à la force physique et à la capacité de protéger ou de conquérir, se sont vu confier les rôles de chefs, de guerriers et de décideurs. Les femmes, quant à elles, ont été assignées à la sphère privée, chargées des soins aux enfants, des tâches domestiques et du maintien de la maison. Ce partage des responsabilités n'a jamais été une simple question de complémentarité : il a servi à hiérarchiser les sexes, valorisant les rôles masculins comme centraux et reléguant les rôles féminins à une position subordonnée.

Cette organisation sociale a profondément marqué les mentalités et a donné naissance à des stéréotypes de genre puissants et persistants. Ces stéréotypes, qui assignent aux femmes des qualités comme la douceur, la soumission, ou l'altruisme, ont façonné l'idée qu'elles devaient non seulement s'effacer devant les hommes, mais aussi se sacrifier pour le bien des autres. Une femme est souvent perçue comme « bonne » lorsqu'elle met de côté ses propres besoins et ambitions au profit de sa famille ou de son conjoint. À l'inverse, une femme qui revendique son autonomie est parfois jugée égoïste, arrogante, voire menaçante. Ces attentes renforcent un cadre où la femme devient une figure d'abnégation, perpétuellement tenue de faire preuve de dévouement.

Ces constructions culturelles ne sont pas seulement sociales ; elles se sont aussi inscrites dans les imaginaires religieux et moraux. Dans de nombreuses traditions religieuses, des figures féminines idéales incarnent ces qualités d'obéissance et de sacrifice : la mère aimante, la sainte, l'épouse fidèle. Ces figures, bien que respectées, servent à renforcer des modèles comportementaux contraignants. Une femme qui dévie de ces normes, en refusant de se conformer aux attentes ou en dénonçant des abus, risque d'être ostracisée ou considérée comme une menace pour l'ordre social.

Cette idéologie patriarcale transforme également la violence en un outil de correction ou de rétablissement de cet ordre. Si une femme « désobéit », refuse une demande ou tente de s'émanciper, la violence devient un moyen d'affirmer la domination masculine. Les stéréotypes de genre alimentent cette logique : un homme violent peut justifier ses actes en invoquant un manquement de sa compagne à ses « devoirs ». Dans ces dynamiques, la femme est perçue comme responsable, soit parce qu'elle aurait « provoqué », soit parce qu'elle n'aurait pas su incarner l'idéal d'obéissance ou de patience.

Cette assignation aux rôles de soumission et de sacrifice crée aussi un cercle vicieux où les victimes elles-mêmes finissent parfois par internaliser ces attentes. Une femme élevée dans un environnement où la violence est minimisée ou banalisée peut croire que sa souffrance est normale ou méritée. On lui enseigne, implicitement ou explicitement, que la douleur fait partie du rôle de femme, qu'elle doit endurer pour préserver la paix familiale ou la réputation de son conjoint. Ce conditionnement limite la capacité des victimes à chercher de l'aide ou à dénoncer les abus.

Les stéréotypes de genre nourrissent donc un climat où la violence devient à la fois invisible et tolérée. Ils normalisent des comportements destructeurs et réduisent les femmes à un état de dépendance psychologique, sociale et économique. En assignant aux femmes une place inférieure, ils créent un terrain fertile pour les inégalités et les abus. Déconstruire ces stéréotypes est une étape essentielle pour mettre fin aux violences faites aux femmes et instaurer une culture de respect et d'égalité.

Le rôle des idéologies religieuses et culturelle

Dans plusieurs religions, les rôles de genre sont présentés comme divinement ordonnés. La femme est souvent décrite comme une figure de soutien, placée sous l'autorité de son mari, de son père ou d'autres figures masculines. Cette subordination, inscrite dans un cadre perçu comme spirituel ou sacré, donne à ces rôles une légitimité difficile à contester. Par exemple, dans certaines interprétations du christianisme, les injonctions bibliques demandant aux femmes d'être obéissantes envers leurs maris ont été utilisées pour justifier l'idée qu'un homme peut contrôler ou discipliner son épouse. De même, dans des contextes islamiques, certaines lectures du Coran ont été mobilisées pour tolérer ou expliquer des pratiques telles que la polygamie, les mariages précoces, voire les punitions corporelles.

Ces interprétations ne sont pas intrinsèques aux textes eux-mêmes ; elles sont le produit de sociétés patriarcales qui ont adapté les messages religieux pour consolider leurs propres systèmes de domination. Cependant, le poids de ces interprétations reste lourd, surtout dans les communautés où les traditions religieuses et culturelles s'entrelacent étroitement. Lorsque les règles religieuses s'intègrent aux lois civiles ou coutumières, elles deviennent des outils puissants pour contrôler les femmes, limitant leurs droits et leur autonomie.

C'est dans ce contexte que des pratiques comme les mutilations génitales féminines, les mariages forcés ou les crimes d'honneur prennent racine. Les mutilations génitales féminines, par exemple, sont souvent justifiées par des croyances culturelles ou religieuses selon lesquelles elles préservent la chasteté des filles, assurent leur pureté ou renforcent leur acceptabilité sociale en tant qu'épouses. Bien que cette pratique soit dénoncée à l'échelle mondiale comme une violation des droits humains, elle persiste dans de nombreuses communautés où la pression sociale et le poids des traditions l'emportent sur la santé et les droits des femmes.

Les mariages forcés, eux aussi, trouvent leur justification dans des croyances religieuses ou culturelles. Dans certaines régions, les familles considèrent que marier une fille jeune, souvent à un homme bien plus âgé, est une manière de protéger l'honneur familial ou d'assurer une sécurité économique. Ces unions, imposées sans consentement, privent les femmes de leur liberté et les exposent à des abus physiques, sexuels et psychologiques. Ici encore, la religion est souvent invoquée pour légitimer ces pratiques, même lorsque les textes sacrés eux-mêmes ne les prescrivent pas explicitement.

Les crimes d'honneur représentent une autre forme extrême de violence, dans laquelle une femme est tuée par un membre de sa famille pour avoir prétendument déshonoré celle-ci. Les motifs invoqués peuvent être aussi variés que le choix d'un partenaire, une accusation d'adultère, ou même une simple rumeur. Ces crimes, bien qu'ils soient en contradiction avec les enseignements fondamentaux de nombreuses religions prônant la compassion et le pardon, sont souvent justifiés par une interprétation stricte des codes d'honneur culturels et religieux.

Malgré des réformes progressistes dans de nombreuses régions, ces idées et pratiques continuent d'imprégner les mentalités et de légitimer les comportements abusifs. Même lorsque des cadres légaux évoluent pour interdire ces violences, leur persistance dans les mentalités et les traditions constitue un obstacle majeur. Cela montre que les lois seules ne suffisent pas ; un changement culturel et éducatif est nécessaire pour déconstruire ces normes.

La lutte contre ces violences ne doit pas se limiter à critiquer les religions elles-mêmes, mais plutôt à examiner comment elles sont interprétées et utilisées à des fins de contrôle. De nombreuses voix au sein des communautés religieuses s'élèvent pour dénoncer ces abus et proposer des interprétations alternatives, plus respectueuses des droits des femmes. Ces efforts montrent qu'il est possible de réconcilier foi et égalité, mais cela exige une volonté collective de confronter des traditions qui, bien qu'anciennes, n'ont pas leur place dans une société moderne et juste.

Les stéréotypes de genre comme mécanisme de contrôle

Les stéréotypes de genre fonctionnent comme un puissant mécanisme de contrôle social, en dictant ce qui est considéré comme un comportement « acceptable » pour les femmes et les hommes. Ces normes, profondément enracinées dans les mentalités et les cultures, enseignent encore souvent que les femmes doivent être dociles, obéissantes, et silencieuses, tandis que les hommes sont encouragés à dominer, à diriger et à exercer leur autorité. Ces attentes asymétriques, loin de se limiter à de simples rôles sociaux, établissent un déséquilibre structurel qui façonne les interactions entre les sexes et conduit à la tolérance, voire à la banalisation des violences faites aux femmes.

Dès l'enfance, les filles et les garçons sont confrontés à des messages implicites et explicites sur la manière dont ils doivent se comporter. Les filles sont souvent félicitées pour leur douceur, leur patience et leur capacité à se conformer aux attentes, tandis que les garçons sont valorisés pour leur audace, leur compétitivité et leur indépendance. Ces premières leçons deviennent des fondations sur lesquelles se construisent les identités genrées, limitant les possibilités d'expression et d'action des femmes tout en consolidant l'idée que les hommes ont le droit naturel de dominer.

Pour les femmes, ces stéréotypes engendrent une double contrainte : elles sont à la fois responsables de maintenir l'harmonie sociale et familiales, mais aussi d'accepter les injustices et les violences comme un « sacrifice nécessaire ». Une femme qui s'affirme ou qui défie l'autorité masculine est souvent jugée sévèrement : elle peut être qualifiée d'insubordonnée, d'arrogante ou de « mauvaise épouse ». À l'inverse, une femme qui subit en silence est souvent perçue comme vertueuse ou courageuse, ce qui renforce la normalisation de la souffrance féminine.

Pour les hommes, les stéréotypes de genre les placent dans un rôle de domination presque institutionnalisé. Ils sont encouragés à considérer leur autorité sur les femmes comme un droit légitime. Dans de nombreux contextes, la violence devient un outil pour réaffirmer ce pouvoir lorsque leur autorité est perçue comme menacée. Ces comportements ne sont pas seulement acceptés ; ils sont parfois encouragés ou excusés par des normes sociales qui considèrent qu'« un homme doit savoir se faire respecter » ou qu'il a le droit de « corriger » une épouse ou une partenaire.

Ces attentes asymétriques alimentent également un cercle vicieux où la violence est à la fois un symptôme et une cause de l'inégalité. Lorsque les femmes dénoncent des abus, elles se heurtent souvent à des réactions minimisantes ou accusatoires, renforçant l'idée qu'elles sont responsables de leur propre maltraitance. Les expressions comme « elle l'a cherché » ou « il fallait qu'elle sache tenir son rôle » sont des manifestations de cette mentalité, où la violence est justifiée par le simple fait qu'une femme aurait dérogé aux normes de docilité et d'obéissance.

Dans ce contexte, la banalisation des violences est omniprésente. Des comportements abusifs ou oppressifs, qu'il s'agisse de harcèlement, de contrôle économique ou de violence physique, sont souvent interprétés comme « normaux » ou « naturels » dans une dynamique de couple ou de famille. Cette banalisation est aggravée par les représentations culturelles et médiatiques qui renforcent ces stéréotypes. Les récits romantiques valorisant des relations où la jalousie et le contrôle sont présentés comme des preuves d'amour, ou les comédies qui tournent en ridicule les femmes affirmées, contribuent à perpétuer ces normes.

Il est également crucial de noter que ces stéréotypes ne fonctionnent pas uniquement au niveau individuel. Ils sont intégrés dans les institutions et les systèmes, influençant les réponses des forces de l'ordre, des tribunaux et des services sociaux. Les récits basés sur les stéréotypes peuvent conduire à discréditer les témoignages des femmes ou à minimiser la gravité de leur situation. Par exemple, une femme perçue comme « trop indépendante » ou « non conforme » aux attentes traditionnelles peut être moins prise au sérieux par les autorités.

Les stéréotypes de genre ne sont donc pas de simples idées ou croyances ; ils sont des outils de contrôle puissants qui façonnent les comportements, justifient les inégalités et perpétuent les violences. Pour briser ce cycle, il est impératif de déconstruire ces normes à travers l'éducation, les politiques publiques et la mobilisation collective. Il ne s'agit pas seulement de redéfinir ce que les femmes peuvent ou doivent être, mais aussi de repenser les modèles masculins pour libérer les hommes de cette idée que la domination est leur seule manière d'exister en société. Seule une transformation profonde de ces dynamiques permettra d'instaurer une culture où le respect et l'égalité remplacent la violence et la soumission.

1.2 Quand la société ferme les yeux

Les violences perdurent en partie parce que les institutions, les familles, et les communautés minimisent ou ignorent ces actes.

La minimisation des violences

Les expressions telles que « Ce n'est pas si grave » ou « Il faut comprendre, il est stressé » illustrent la manière dont la société excuse ou banalise les comportements violents.

La minimisation des violences faites aux femmes est l'un des obstacles les plus insidieux dans la lutte contre ces abus. Elle repose sur des attitudes, des croyances et des comportements qui consistent à réduire la gravité des actes de violence, à excuser leurs auteurs ou à en rejeter la responsabilité sur les victimes. Les expressions telles que « Ce n'est pas si grave » ou « Il faut comprendre, il est stressé » traduisent une culture où les actes violents sont non seulement tolérés, mais aussi banalisés, renforçant ainsi leur perpétuation.

Cette minimisation commence souvent par une interprétation erronée ou relativiste des comportements abusifs. Les violences psychologiques, par exemple, sont fréquemment considérées comme moins graves que les violences physiques. Des comportements tels que l'humiliation, le contrôle ou les menaces sont parfois perçus comme des « disputes normales » dans un couple. Cette attitude invisibilise les souffrances des victimes, qui, faute de validation extérieure, peuvent douter elles-mêmes de la légitimité de leur douleur. De la même manière, lorsqu'une femme porte plainte pour harcèlement ou agression sexuelle, on lui demande parfois si elle n'a pas « mal interprété » ou si elle « n'exagère pas », ce qui revient à minimiser l'acte et à en dénier la gravité.

La minimisation se manifeste également dans les justifications accordées aux agresseurs. Il est courant d'entendre des explications telles que « Il traversait une période difficile » ou « Il a perdu son sang-froid », comme si des facteurs extérieurs pouvaient excuser un comportement violent. Ces justifications déplacent la responsabilité de l'agresseur vers des éléments contextuels – le stress, l'alcool, ou même la victime elle-même, accusée d'avoir « provoqué ». Ce processus diminue la responsabilité individuelle et conforte l'idée que la violence est une réaction humaine compréhensible, voire inévitable, dans certaines situations.

La banalisation des violences est également renforcée par des dynamiques sociales et culturelles. Dans de nombreuses communautés, la violence au sein du couple ou de la famille est considérée comme une affaire privée, où l'intervention extérieure est perçue comme inappropriée. Les phrases telles que « Ce sont leurs affaires » ou « Il ne faut pas se mêler des histoires de famille » illustrent ce tabou. En conséquence, les victimes se retrouvent isolées, sans soutien, tandis que les agresseurs continuent leurs comportements sans crainte de sanctions.

Le rôle des médias et des représentations culturelles dans la minimisation ne peut être ignoré. Les films, séries ou chansons qui glamourisent des relations toxiques ou justifient des actes de contrôle et de jalousie comme des preuves d'amour contribuent à la normalisation de la violence. Les plaisanteries sur les violences conjugales ou les agressions sexuelles, fréquentes dans certaines cultures, participent également à leur banalisation en en faisant un sujet de dérision plutôt que de sérieux.

Les conséquences de cette minimisation sont dévastatrices. Pour les victimes, elle crée un climat de culpabilité et de honte qui les dissuade de chercher de l'aide ou de dénoncer les abus. Une femme à qui l'on répète que « ce n'est pas si grave » ou que « ça arrive à tout le monde » peut finir par croire que sa souffrance est normale, voire méritée. Pour les agresseurs, cette culture de minimisation leur offre une forme d'impunité tacite, en leur permettant de rationaliser leurs comportements et en réduisant la probabilité qu'ils soient confrontés à des conséquences légales ou sociales.

Pour la société dans son ensemble, la minimisation des violences perpétue un cycle où les abus restent invisibles, tolérés, voire acceptés. En ignorant ou en excusant les comportements violents, la société envoie un message clair : les droits et la sécurité des femmes sont secondaires par rapport au maintien des normes culturelles ou des structures de pouvoir existantes.

Mettre fin à cette minimisation exige un changement culturel et institutionnel profond. Il est essentiel de reconnaître toutes les formes de violences – physiques, psychologiques, sexuelles, économiques – comme inacceptables et inexcusables. Les systèmes éducatifs, les médias et les institutions judiciaires doivent jouer un rôle actif dans cette transformation, en éduquant sur les dynamiques de violence, en mettant en lumière les récits des victimes, et en tenant les agresseurs responsables de leurs actes. En réaffirmant l'importance du consentement, du respect et de l'égalité, il devient possible de construire une culture où les violences ne sont plus banalisées, mais combattues avec la fermeté qu'elles méritent.

La culture du silence

De nombreuses victimes hésitent à parler par peur de représailles, de honte, ou de ne pas être crues. Les familles et les communautés jouent souvent un rôle clé dans ce silence : en demandant aux femmes de « ne pas faire d'histoires », elles perpétuent un cercle vicieux.

La culture du silence qui entoure les violences faites aux femmes est l'un des piliers les plus tenaces de leur perpétuation. Cette culture ne se limite pas à l'omission des faits : elle est active, systémique, et maintenue par des pressions sociales, culturelles, et personnelles qui dissuadent les victimes de parler. Elle enferme les femmes dans un isolement psychologique et émotionnel, tout en protégeant les agresseurs et en renforçant les inégalités de pouvoir.

Les victimes hésitent souvent à parler par peur de représailles. Ces représailles peuvent prendre plusieurs formes : violence physique ou psychologique accrue de la part de l'agresseur, rejet par leur famille ou leur communauté, ou encore pertes financières et matérielles si elles dépendent de l'agresseur. Dans certains cas, des femmes qui dénoncent des abus sont accusées de briser l'unité familiale ou de nuire à la réputation de leur entourage. Ce poids des conséquences possibles les pousse à garder le silence, malgré leur souffrance.

La honte est un autre facteur central dans cette dynamique. Les normes patriarcales enseignent souvent aux femmes qu'elles sont responsables de préserver l'honneur de leur famille ou de leur communauté. Lorsqu'une femme subit des violences, elle peut être perçue comme ayant « échoué » à protéger cet honneur, même si elle en est la victime. Cette inversion de la culpabilité place le fardeau de la violence sur les épaules des femmes, les amenant à internaliser leur douleur et à se taire pour éviter le stigmate social.

Le doute sur la crédibilité des victimes constitue une autre barrière majeure. Les femmes qui prennent la parole doivent souvent faire face à un scepticisme généralisé. Elles sont interrogées, scrutées, et parfois accusées de mentir ou d'exagérer. Cette méfiance, qui découle d'une longue tradition de minimisation et de déni, non seulement décourage les victimes de s'exprimer, mais alimente aussi un climat où les agresseurs se sentent protégés. Dans certains systèmes judiciaires ou sociaux, ce doute institutionnalisé conduit à des procédures longues, humiliantes et traumatisantes, décourageant encore davantage les femmes de demander justice.

Les familles et les communautés jouent un rôle clé dans cette culture du silence. Souvent, elles pressent les victimes de « ne pas faire d'histoires » ou de « penser à l'intérêt supérieur », qu'il s'agisse des enfants, de la réputation familiale ou de la stabilité économique. Les conflits familiaux sont souvent perçus comme des affaires privées, ne devant pas être exposés au regard extérieur. Cette approche, bien qu'elle prétende protéger l'unité familiale, ne fait qu'entériner les comportements abusifs et renforcer la position des agresseurs. En demandant aux femmes de se sacrifier pour le bien commun, les familles participent à leur invisibilisation et à leur marginalisation.

Les pressions culturelles amplifient ces dynamiques. Dans de nombreuses cultures, les femmes sont élevées dans l'idée qu'elles doivent supporter et endurer, quelles que soient les difficultés, pour préserver leur mariage ou leur famille. Ces messages, parfois véhiculés par des traditions religieuses ou sociales, valorisent l'abnégation féminine et stigmatisent celles qui osent défier ces attentes. Dans ce cadre, une femme qui parle est souvent perçue comme une perturbatrice, voire une traîtresse, au lieu d'être reconnue comme une victime cherchant justice.

La culture du silence est également maintenue par les institutions. Lorsque les systèmes judiciaires, policiers ou médicaux traitent les violences avec indifférence ou lenteur, ils envoient un message clair : dénoncer ne sert à rien. Les plaintes classées sans suite, les jugements cléments pour les agresseurs, et les réponses inadéquates des services sociaux contribuent à renforcer l'idée que la parole des femmes est sans valeur ou que les violences qu'elles subissent ne méritent pas une intervention sérieuse.

Les conséquences de cette culture sont dévastatrices. Pour les victimes, le silence est souvent synonyme de souffrance prolongée, de perte d'estime de soi, et de sentiment d'impuissance. Elles se retrouvent isolées, sans accès à des ressources ou à un soutien adéquat. Pour la société, le silence permet aux violences de continuer en toute impunité, et empêche la prise de conscience collective nécessaire pour un véritable changement.

Mettre fin à la culture du silence exige un effort collectif et multidimensionnel. Les familles doivent être sensibilisées pour soutenir les victimes au lieu de les blâmer. Les institutions doivent être formées à traiter les violences avec sérieux et respect, en protégeant les victimes des représailles et en leur offrant un accès à la justice. L'éducation, dès le plus jeune âge, doit déconstruire les stéréotypes de genre et valoriser l'idée que parler est un acte de courage, et non une trahison.

Enfin, il est essentiel de créer des espaces sûrs où les femmes peuvent s'exprimer sans crainte d'être jugées ou rejetées. Les récits des survivantes doivent être écoutés et valorisés, non seulement pour leur permettre de se reconstruire, mais aussi pour briser le cercle vicieux du silence. Lorsque les voix des femmes deviennent un levier de changement, elles ne sont plus des victimes isolées : elles deviennent des agents de transformation sociale, capables de défier et de renverser les structures qui perpétuent les violences.

L'échec des institutions

On se souvient de Juliette qui après avoir été violée par son beau-père réussit à se rendre au commissariat où on lui demanda comment elle était habillée lors du viol... Quelle honte ! Des témoignages fréquents rapportent que des plaintes de violence sont classées sans suite, que des femmes ne reçoivent pas l'assistance nécessaire, ou que la justice est trop lente pour intervenir efficacement. Ces défaillances envoient un message clair : les victimes sont seules.

L'échec des institutions à répondre de manière adéquate aux violences faites aux femmes est l'un des éléments clés qui perpétue la souffrance des victimes et renforce les inégalités de genre. Les femmes qui subissent des violences se retrouvent souvent confrontées à des systèmes qui, loin de les protéger, semblent les ignorer, les négliger ou les culpabiliser. Des témoignages répétés de victimes soulignent que les plaintes de violence sont fréquemment classées sans suite, que les services de soutien sont insuffisants ou inaccessibles, et que la justice, quand elle intervient, le fait de manière trop lente, inefficace, ou parfois injuste. Ces défaillances institutionnelles envoient un message alarmant : les femmes sont seules, sans recours, et leurs souffrances sont invisibles.

Lorsqu'une femme porte plainte pour violence, que ce soit pour des violences physiques, psychologiques, ou sexuelles, elle s'attend à être prise au sérieux et à recevoir une assistance appropriée. Or, dans de nombreux cas, les autorités judiciaires, policières et même médicales échouent à répondre aux attentes minimales de protection et d'assistance. Une plainte peut être classée sans enquête approfondie, parfois faute de preuves immédiates ou à cause de préjugés sexistes qui dévalorisent la parole des victimes. Dans certains cas, des femmes dénonçant des violences domestiques se heurtent à des agents de police qui remettent en question leur version des faits, qui minimisent les faits ou qui ne jugent pas nécessaire de poursuivre les enquêtes. Ces réponses nonchalantes ou désintéressées alimentent une culture de l'impunité et exacerbent le sentiment de solitude des victimes.

L'une des causes principales de cet échec réside dans la formation insuffisante des professionnels de l'autorité et du droit. Beaucoup de policiers, juges, et travailleurs sociaux manquent de formation sur les dynamiques des violences faites aux femmes. Le manque de sensibilisation à la nature particulière de ces violences (violences répétées, contrôle coercitif, abus psychologiques) peut amener certains fonctionnaires à minimiser leur gravité ou à avoir une approche trop simpliste, voire compassionnelle envers l'agresseur. En conséquence, de nombreuses victimes se retrouvent face à une justice qui non seulement ne répond pas à leurs besoins, mais qui leur inflige une nouvelle forme de traumatisme en invalidant leurs souffrances.

Les délais de traitement des affaires de violences peuvent également être un facteur majeur de l'échec des institutions. La lenteur du système judiciaire, associée à des procédures complexes et parfois intimidantes pour les victimes, amplifie leur souffrance. Une femme qui dépose plainte peut se retrouver des mois, voire des années, dans l'incertitude, à attendre un procès ou une décision. Pendant ce temps, l'agresseur reste souvent en liberté, ce qui peut exposer la victime à de nouvelles violences. Cette lenteur dans la prise en charge des affaires crée un sentiment de frustration et d'impuissance chez les victimes, qui, au lieu de se sentir soutenues, se voient confrontées à un système qui semble faire obstacle à leur droit à la justice.

Les services d'assistance aux victimes sont eux aussi souvent insuffisants. Dans de nombreux pays, les structures dédiées à l'aide aux femmes victimes de violences sont surchargées, manquent de financement ou ne sont tout simplement pas accessibles. Le manque de refuges, de lignes d'écoute gratuites, et de conseils juridiques adaptés, notamment pour les femmes issues de communautés marginalisées ou rurales, laisse des victimes dans une situation de vulnérabilité extrême. Sans un accès à des ressources matérielles et émotionnelles, il devient extrêmement difficile pour les femmes de quitter des situations dangereuses ou de prendre des mesures légales contre leurs agresseurs.

De plus, le manque de coordination entre les différentes institutions, police, justice, services sociaux, hôpitaux, accentue les défaillances dans le traitement des violences. Une victime peut se voir renvoyée d'un service à un autre, sans prise en charge coordonnée ni suivi. Cette absence de soutien intégré, couplée à une bureaucratie lourde, rend le processus de dénonciation extrêmement décourageant. Les victimes se trouvent souvent à naviguer entre des institutions qui ne communiquent pas entre elles, perdant de vue leurs besoins urgents et leur sécurité immédiate.

Dans des cas extrêmes, l'échec des institutions peut même conduire à des tragédies. Des femmes qui ont porté plainte pour des violences peuvent être tuées par leur partenaire ou ex-partenaire, après que leurs appels à l'aide aient été ignorés ou mal traités. Ces tragédies soulignent de manière tragique l'inefficacité du système à protéger les victimes, même quand elles ont pris la décision courageuse de dénoncer les abus.

Le message implicite que ces défaillances envoient aux victimes est dévastateur : elles ne sont pas prises au sérieux, leurs droits sont relégués au second plan, et elles sont livrées à elles-mêmes face à des agresseurs qui, eux, ne sont pas contraints par un système judiciaire efficace. Cette absence de réponse appropriée renforce la culture du silence et de l'impunité, et perpétue le cycle de la violence.

Pour remédier à ces échecs, il est impératif de réformer les institutions chargées de la protection des femmes. Cela inclut une meilleure formation des professionnels, un soutien financier accru aux services d'aide, des procédures judiciaires plus rapides et sensibles aux besoins des victimes, ainsi qu'une coopération renforcée entre les différents secteurs concernés. Mais au-delà des réformes institutionnelles, un changement de mentalité est nécessaire au sein de la société. Les violences faites aux femmes doivent cesser d'être considérées comme des problèmes privés, et devenir une priorité pour les autorités publiques, car l'inaction renforce la violence elle-même. Seule une réponse systémique, coordonnée et efficace peut permettre de briser le cercle vicieux de l'échec des institutions.

La complicité indirecte des systèmes judiciaires et policiers.

La complicité indirecte des systèmes judiciaires et policiers dans les violences faites aux femmes est un phénomène complexe et profondément enraciné dans des dynamiques de pouvoir, de culture institutionnelle et de stéréotypes de genre. Bien que les autorités soient théoriquement chargées de protéger les victimes et de sanctionner les auteurs de violences, dans de nombreux cas, les systèmes judiciaires et policiers ne répondent pas efficacement aux appels à l'aide des femmes. Au lieu de protéger et d'accompagner les victimes, ces institutions, par leurs manquements, peuvent indirectement faciliter la perpétuation des violences.

L'une des formes de complicité indirecte des systèmes judiciaires et policiers réside dans la minimisation ou l'instrumentalisation des violences faites aux femmes. Les forces de l'ordre, parfois peu formées aux spécificités des violences de genre, peuvent adopter une attitude désinvolte, voire hostile, à l'égard des victimes. Par exemple, lorsqu'une femme porte plainte pour violences conjugales, elle peut être confrontée à des policiers qui, au lieu de prendre sa situation au sérieux, la jugent ou l'interrogent de manière culpabilisante. Des questions comme « Qu'est-ce que vous avez fait pour provoquer ça ? » ou « Pourquoi êtes-vous restée aussi longtemps dans cette relation ? » reflètent une mentalité qui tend à excuser les agresseurs tout en responsabilisant les victimes. Ce type de traitement alimente la stigmatisation et la honte, et décourage souvent les femmes de poursuivre leur démarche.

Dans certains cas, le manque d'investigation rigoureuse sur les actes de violence contribue à l'impunité des agresseurs. Les plaintes pour violences conjugales ou harcèlement sexuel peuvent être rapidement classées sans enquête approfondie, ce qui permet à l'agresseur de continuer à nuire sans crainte de répercussions. Ce manque de suivi met en évidence une incompétence ou, parfois, une indifférence des autorités, qui semblent plus préoccupées par le confort ou la rapidité de leur procédure que par la protection des victimes. Ce traitement bâclé est d'autant plus grave lorsque les violences sont répétées, et que la victime, déjà fragilisée, n'a plus confiance dans le système de justice.

Le système judiciaire, quant à lui, joue aussi un rôle de complicité indirecte à travers la lenteur des procédures et l'inefficacité des sanctions. Les femmes victimes de violences peuvent se retrouver confrontées à des procès interminables, à des reports successifs ou à des retards qui prolongent leur souffrance. L'absence de mesures provisoires immédiates, comme des ordonnances de protection, et la lenteur du traitement judiciaire encouragent les agresseurs à persister dans leurs comportements violents. Dans de nombreux cas, les peines infligées aux auteurs de violences sont légères ou insuffisantes pour avoir un réel effet dissuasif. Loin de punir les agresseurs de manière adéquate, le système judiciaire envoie le message qu'une violence faite à une femme peut être tolérée, surtout dans le cadre privé et familial.

Les failles dans la coordination entre les services de police, la justice et les organismes de soutien aux victimes exacerbent cette complicité indirecte. Lorsqu'une femme porte plainte, les services de police ne sont pas toujours en mesure de transmettre efficacement les informations aux juges ou aux services sociaux, ce qui crée un vide juridique dans le suivi des affaires. La victime se retrouve alors dans une situation d'abandon où ses plaintes ne sont pas reliées à des actions concrètes pour la protéger. La multiplicité des acteurs institutionnels sans réelle communication entre eux empêche un suivi cohérent et renforce le sentiment d'impunité chez les agresseurs.

Il existe aussi une forme de complicité plus insidieuse, liée à la culture patriarcale profondément ancrée dans certaines institutions judiciaires et policières. Ce phénomène ne se limite pas à des comportements conscients de la part des individus, mais découle d'une culture institutionnelle qui minimise l'impact des violences faites aux femmes. Dans certains contextes, la violence domestique est perçue comme une « affaire privée », comme un problème qui ne mérite pas l'intervention de l'État ou de la justice. Les policiers ou les juges peuvent avoir des idées préconçues sur les femmes et les hommes, et ces stéréotypes influencent leurs actions. Par exemple, la croyance que certaines femmes « provoquent » ou « méritent » d'être battues, ou l'idée qu'un homme a toujours « le droit » d'exercer un certain contrôle sur sa partenaire, peut colorer leur jugement et leur conduite. Ces biais cognitifs contribuent à la légitimation implicite de comportements violents et à l'inertie des autorités.

Un autre aspect de cette complicité indirecte réside dans le manque d'accès pour les femmes aux services de soutien nécessaires. Les victimes de violences peuvent se retrouver dans une situation où, après avoir dénoncé les abus, elles n'obtiennent pas de soutien psychologique, de refuge ou d'assistance juridique appropriée. Les organismes d'aide sont souvent sous-financés ou mal coordonnés avec les services judiciaires. Dans ces conditions, même lorsque la justice commence à reconnaître la gravité des violences, l'inaction et la mauvaise prise en charge des victimes par les institutions rendent leur situation encore plus précaire.

Enfin, la complicité indirecte des institutions judiciaires et policières peut aussi être vue à travers le manque de suivi des condamnations. Dans de nombreux cas, même lorsque des agresseurs sont condamnés à des peines de prison ou à des mesures de réhabilitation, le contrôle de leur réinsertion ou de leur comportement est insuffisant. Les hommes condamnés pour violences domestiques ou agressions sexuelles sont parfois relâchés sans suivi, exposant ainsi les victimes à de nouvelles violences. L'absence de vigilance de l'État dans la mise en œuvre des peines accentue le sentiment que la violence faite aux femmes est traitée avec moins de rigueur que d'autres formes de criminalité.

La complicité indirecte des systèmes judiciaires et policiers dans les violences faites aux femmes n'est pas seulement le résultat de manquements individuels, mais aussi le produit d'une culture institutionnelle qui sous-estime la gravité des violences de genre. Pour mettre fin à cette complicité, il est crucial de réformer les pratiques policières et judiciaires, de renforcer la formation des acteurs du système judiciaire sur les violences faites aux femmes, et de s'assurer que les victimes reçoivent un soutien cohérent, rapide et adapté. Une véritable justice pour les femmes ne peut exister que lorsque les institutions, au lieu de minimiser ou de fermer les yeux sur les violences, se font les véritables alliées des victimes dans leur quête de justice et de sécurité.

Partie 2 : les différents types de violence

La violence se manifeste sous des formes variées, touchant les individus et les sociétés de manière profonde. Qu'elle soit physique, sexuelle, économique ou institutionnelle, elle repose souvent sur des dynamiques de pouvoir et des systèmes inégalitaires.

Les violences physiques et sexuelles sont parmi les plus visibles, affectant des millions de personnes chaque année. Les chiffres mondiaux révèlent qu'une femme sur trois est victime de telles violences au cours de sa vie. Souvent ancrées dans des relations de domination, ces violences sont exacerbées en période de conflit, où le viol devient une arme de guerre utilisée pour terroriser et briser les communautés.

Sur le plan économique, la violence prend la forme d'une privation de ressources et d'un contrôle financier visant à renforcer la dépendance des victimes, principalement des femmes. Ces abus s'inscrivent dans des inégalités systémiques, où les écarts de richesse et les discriminations structurelles alimentent la vulnérabilité économique.

Les violences institutionnelles et politiques émanent directement des systèmes en place, à travers des lois discriminatoires, des pratiques coercitives ou la répression politique. Ces mécanismes servent à maintenir des inégalités de pouvoir et à marginaliser certains groupes, tels que les minorités ou les opposants politiques.

Face à ces réalités, il est important de reconnaître l'interconnexion de ces formes de violences et d'agir pour démanteler les systèmes qui les perpétuent, en promouvant justice et égalité.

2.1 Les violences physiques et sexuelles

Les violences physiques et sexuelles représentent l'une des formes les plus visibles et traumatisantes de domination. Elles vont des gifles et coups aux agressions sexuelles, en passant par le viol conjugal, souvent ignoré ou mal défini par la loi dans de nombreux pays.

Les violences physiques et sexuelles à l'égard des femmes sont parmi les formes les plus évidentes et dévastatrices de domination patriarcale. Elles touchent des millions de femmes à travers le monde et comprennent un éventail de comportements allant des violences physiques directes, telles que les gifles, les coups, les blessures, jusqu'aux agressions sexuelles et au viol, qu'il soit conjugal ou extraconjugal. Ces violences sont particulièrement traumatisantes, car elles laissent des séquelles tant physiques que psychologiques, souvent invisibles mais persistantes.

Les violences physiques, par leur brutalité immédiate et leur visibilité, constituent un outil de contrôle direct de la femme. Une gifle, un coup porté, une agression physique violente sont des manières pour l'agresseur de rappeler son pouvoir et d'imposer sa domination. Ces actes sont souvent perçus par l'agresseur comme une réponse à une insoumission perçue, une manière de remettre la femme "à sa place". Derrière chaque geste violent se cache une volonté de maintenir l'équilibre des pouvoirs au sein du couple ou de la famille, en s'assurant que la femme ne dépasse pas les limites imposées par des normes de genre patriarcales. Le but est de réduire la femme au silence, à la soumission, de la faire se sentir insignifiante, d'effacer sa voix dans l'espace domestique, ou dans l'espace public lorsqu'elle subit de telles violences en dehors du foyer.

Ces violences sont souvent des événements isolés, mais elles peuvent aussi s'inscrire dans un cycle récurrent, où la violence devient une méthode systématique de contrôle. Lorsqu'elles sont répétées, elles exacerbent l'humiliation et le traumatisme psychologique des victimes. La femme, une fois frappée, peut se retrouver dans un état de choc, de confusion, de peur constante, et dans de nombreux cas, elle finit par se convaincre qu'elle ne mérite pas mieux, qu'elle ne peut pas s'échapper de cette situation. L'isolement créé par la violence physique rend le recours à l'extérieur plus difficile, car chaque acte de violence est suivi de périodes d'"apaisement", d'excuses, de promesses de changement, rendant la victime de plus en plus dépendante de son agresseur, dans une sorte de piège psychologique.

Les violences sexuelles, tout comme les violences physiques, sont des formes de domination qui marquent profondément les femmes, mais elles ont la particularité de toucher à l'intimité et à la dignité de la victime. Ces violences incluent un large éventail d'actes, allant des attouchements, du harcèlement sexuel, à l'agression sexuelle, jusqu'au viol. Le viol conjugal, en particulier, constitue une forme de violence qui est, dans de nombreuses juridictions, soit ignorée, soit mal définie par la loi. Le concept même de consentement, pourtant fondamental dans le cadre des relations sexuelles, est souvent flou dans les cas de viol conjugal. Dans de nombreuses cultures, le mariage est perçu comme un acte de possession, où l'époux se considère comme ayant des "droits" sur le corps de sa femme, ce qui mène à une banalisation du viol conjugal. Les femmes, dans ces contextes, sont souvent persuadées que leurs devoirs conjugaux incluent la soumission sexuelle, même contre leur volonté.

En l'absence de reconnaissance explicite du viol conjugal par les législations de certains pays, et du manque de formation de certains policiers ou juges face à ces situations, les femmes se retrouvent souvent à affronter la violence sexuelle sans recours juridique effectif. Les victimes peuvent être interrogées de manière culpabilisante, où l'on peut leur demander ce qu'elles portaient ou pourquoi elles ne s'étaient pas défendues, renforçant ainsi le sentiment de honte et de culpabilité. Cela empêche de nombreuses femmes de porter plainte et conduit à un taux de condamnation particulièrement faible pour les auteurs de viol conjugal.

Le viol conjugal est d'autant plus insidieux qu'il se produit dans un cadre où l'agresseur est un partenaire de confiance, où la femme est censée se sentir en sécurité. Cette violation de la sphère privée, et en particulier du corps, peut avoir des conséquences profondes sur l'estime de soi, la santé mentale, et la capacité de la victime à se reconstruire. En outre, dans une situation de violences conjugales où le contrôle économique et émotionnel de l'agresseur est important, il peut être très difficile pour la femme de se libérer de la relation abusive.

Les violences sexuelles, qu'elles soient subies dans le cadre d'une relation intime ou par des inconnus, ont des effets dévastateurs sur la victime. Au-delà de la douleur physique, le viol et les agressions sexuelles laissent des cicatrices invisibles mais permanentes. Les survivantes de viols et d'agressions sexuelles souffrent souvent de troubles post-traumatiques, de dépression, d'anxiété, et d'un sentiment d'impuissance durable. La honte, le déni de la part de la société, le manque de soutien, et les jugements subis dans le cadre judiciaire aggravent encore ces conséquences. Le manque de reconnaissance de ces violences comme des crimes dans certaines sociétés et systèmes juridiques contribue à l'invisibilité de ce fléau.

Les violences physiques et sexuelles ne sont pas seulement des actes isolés de brutalité : elles font partie d'un système de domination plus large, visant à maintenir les femmes dans une position de subordination. Elles sont utilisées comme des mécanismes de contrôle, souvent dans un contexte de violence psychologique et économique. Ces violences ne sont pas seulement des actes de pouvoir, elles sont aussi des stratégies de déshumanisation, où la femme devient un objet sur lequel l'agresseur peut exercer son autorité et son pouvoir sans conséquence.

Pourtant, la reconnaissance du viol conjugal et des violences sexuelles comme des crimes au même titre que toute autre forme de violence devrait être une priorité. Loin d'être un acte isolé ou une « affaire privée », le viol est une violation des droits humains et de la dignité de la personne. L'éducation, le soutien aux victimes, la formation des policiers et des juges, ainsi qu'un changement radical des mentalités sont essentiels pour réduire ces violences. Les femmes doivent pouvoir vivre dans un monde où leur corps est respecté et où leur consentement est reconnu comme étant fondamental.

Les chiffres mondiaux alarmants

Selon l'OMS, environ 30 % des femmes dans le monde ont subi des violences physiques ou sexuelles de la part d'un partenaire intime. En France, une femme meurt tous les trois jours sous les coups de son conjoint ou ex-conjoint.

Les chiffres relatifs aux violences faites aux femmes sont à la fois choquants et alarmants, mais ils ne font que révéler l'ampleur d'un problème systémique qui traverse toutes les sociétés, indépendamment de leur niveau de développement, de leur culture ou de leur économie. Selon l'Organisation mondiale de la santé (OMS), environ 30 % des femmes à travers le monde ont subi des violences physiques ou sexuelles de la part de leur partenaire intime au cours de leur vie. Cela représente près d'une femme sur trois. Ces violences, qu'elles soient physiques, sexuelles ou psychologiques, sont des instruments de contrôle et de domination qui s'immiscent dans la vie intime des femmes, et elles laissent des traces indélébiles non seulement sur le corps, mais aussi sur la santé mentale et l'autonomie des victimes. Cette statistique mondiale témoigne de l'universalité du phénomène des violences conjugales, qui touche des femmes de tous âges, origines, et statuts socio-économiques.

En France, un autre chiffre saisissant vient rappeler la gravité du problème : chaque jour, une femme meurt sous les coups de son conjoint ou ex-conjoint, ce qui représente environ un féminicide tous les trois jours. Cette réalité fait écho à une situation extrêmement préoccupante, où la violence physique conjugale atteint un niveau critique, au point de mettre en danger la vie même des femmes. Ces meurtres sont souvent précédés de violences répétées, de menaces, de contrôles abusifs et d'un long processus d'intimidation psychologique. Pourtant, trop souvent, les signes avant-coureurs ne sont ni repérés, ni pris en compte par les proches, les autorités ou même les victimes elles-mêmes, tant elles sont parfois enfermées dans un cycle de violence et de manipulation émotionnelle.

Les féminicides, qui concernent des femmes de tous horizons sociaux, ne sont pas des événements isolés. Ils s'inscrivent dans une dynamique de violence systémique, où les femmes, au sein de leurs relations, sont victimes de comportements abusifs qui visent à les soumettre, à les contrôler et à les priver de leurs droits. Derrière chaque chiffre de féminicide se cache une histoire tragique de souffrance prolongée, d'indifférence sociétale et de défaillance de l'État à protéger ses citoyennes.

Les auteurs de ces violences sont rarement des étrangers ; bien souvent, ils sont des partenaires de longue date, des conjoints ou des ex-conjoints, des hommes qui, à un moment donné, étaient perçus comme des figures d'autorité et de confiance. Cela rend encore plus difficile la rupture du cercle de la violence, car la victime est non seulement confrontée à la menace physique, mais également à un isolement psychologique et social qui lui fait croire qu'elle n'a nulle part où aller, ou que personne ne la croira si elle parle.

Le phénomène de la violence conjugale, y compris les féminicides, se nourrit également de l'inaction des institutions et des préjugés ancrés dans les mentalités collectives. Parfois, des plaintes de femmes victimes de violences sont prises à la légère, voire ignorées, et la victime se retrouve à être à nouveau confrontée à son agresseur. Certaines femmes, dans des situations particulièrement violentes, finissent par se résigner, pensant qu'il est trop tard pour changer les choses ou qu'elles n'ont pas les ressources nécessaires pour échapper à leur agresseur. L'isolement social, la dépendance économique et l'absence de soutien extérieur contribuent à maintenir les femmes dans cette situation de danger. Dans certains cas, des interventions policières ou judiciaires tardives ou insuffisantes aggravent la situation.

Les statistiques qui mettent en lumière la prévalence des violences faites aux femmes, comme celle de l'OMS, sont le reflet d'une violence silencieuse, longtemps ignorée ou minimisée, qui, aujourd'hui encore, reste sous-estimée dans de nombreuses sociétés. La violence physique et sexuelle n'est pas seulement une question de brutalité isolée, elle est un symptôme d'un système plus large de domination patriarcale, où la femme est perçue comme un objet ou une propriété, dont les droits et la dignité peuvent être bafoués sans conséquences.

Il est essentiel de comprendre que la violence conjugale et les féminicides ne sont pas des phénomènes qui se produisent uniquement dans des sociétés "en développement" ou dans des contextes socio-économiques précaires. Même dans des sociétés dites avancées, comme la France, ces violences continuent de faire des ravages. Les femmes meurent chaque jour sous les coups de leurs compagnons, dans une société qui devrait pourtant être capable de protéger ses citoyennes. Ces violences ne sont ni naturelles ni inévitables. Elles sont le produit d'un système de pouvoir qui permet à des comportements de domination de se perpétuer, tout en permettant à ceux qui en sont responsables de rester impunis. La banalisation des violences conjugales dans certaines sphères sociales et la culture de l'indifférence face aux appels à l'aide renforcent cette dynamique.

Les politiques publiques doivent donc être renforcées pour garantir la protection des femmes victimes de violences et lutter activement contre ce fléau. Il est nécessaire d'améliorer la formation des professionnels de la justice, de la police et de la santé, afin qu'ils soient mieux équipés pour reconnaître et traiter les cas de violences conjugales. De même, des mesures plus efficaces doivent être prises pour empêcher les féminicides, notamment en assurant un meilleur suivi des femmes qui ont signalé des violences et en offrant des moyens d'échapper aux situations de danger immédiat.

Il est également crucial de changer les mentalités collectives, de manière à faire comprendre que les violences faites aux femmes ne sont jamais justifiées, quelles que soient les circonstances. Les sociétés doivent progressivement adopter des attitudes qui condamnent fermement toute forme de violence à l'égard des femmes et promouvoir des relations égalitaires, respectueuses et fondées sur le consentement mutuel.

Les dynamiques de pouvoir

Ces violences sont souvent utilisées pour contrôler et intimider, réduisant la victime à un état de dépendance émotionnelle et psychologique.

Les violences faites aux femmes, qu'elles soient physiques, sexuelles, ou psychologiques, ne se contentent pas de laisser des marques visibles sur le corps. Elles sont souvent des instruments puissants de contrôle et d'intimidation, dont le but est de soumettre la victime, de l'isoler et de la rendre émotionnellement et psychologiquement dépendante de son agresseur. Ce processus insidieux s'effectue progressivement, souvent au fil du temps, et peut passer inaperçu même aux yeux de l'entourage de la victime. L'agresseur, en utilisant différentes formes de violence, cherche à diminuer l'estime de soi de la femme, à la faire se sentir sans valeur, et à briser ses liens avec l'extérieur. Cela se fait par une combinaison d'humiliation, de menaces, d'isolement social, et parfois de manipulation affective.

Dans un premier temps, l'agresseur peut minimiser ses actes violents, les justifiant par des excuses, en prétendant qu'il ne s'agissait que d'un moment de colère mal contrôlé ou d'un malentendu. Il peut aussi alterner les périodes de violence avec des gestes d'affection, créant ainsi une confusion chez la victime, qui se trouve prise dans un cycle de "haut et bas", où les moments de douceur masquent les violences. Ce mécanisme, appelé "cycle de la violence", repose sur des phases de tension croissante, d'explosion de violence, suivies de réconciliation et de promesses de changement. Les victimes, en proie à l'espoir que leur partenaire changera, restent souvent dans ces relations abusives, malgré la douleur qu'elles endurent.

Au fur et à mesure, l'agresseur utilise la violence pour instaurer un climat de peur constante. La victime devient de plus en plus incertaine, hésitant à parler de ses souffrances, car elle craint d'être incomprise ou même accusée. L'agresseur peut l'isoler progressivement de ses proches, interdire certains comportements, ou encore exercer un contrôle sur ses finances, ses déplacements ou ses interactions sociales. Cela peut aller jusqu'à lui faire croire qu'elle est incapable de prendre des décisions par elle-même, et que, sans lui, elle ne serait rien. Ce processus de dévalorisation systématique fait naître une dépendance psychologique : la victime se convainc qu'elle ne mérite pas mieux, qu'elle est responsable de la violence qu'elle subit, ou que personne d'autre ne la comprendra. C'est ainsi que l'agresseur parvient à maintenir une emprise totale sur la victime, la réduisant à un état de soumission où la peur de la violence future l'empêche de chercher de l'aide ou de quitter la situation.

L'un des aspects les plus pernicieux de ces violences est l'effet qu'elles ont sur la santé mentale de la victime. La violence psychologique, souvent invisible, est tout aussi destructrice que la violence physique. Elle engendre des sentiments de honte, de culpabilité, d'anxiété, et de dépression. Les femmes violentées peuvent développer des troubles post-traumatiques, des crises de panique, un sentiment d'impuissance totale, et une perte de confiance en elles-mêmes. Elles sont souvent confrontées à des dilemmes internes, se sentant tiraillées entre l'amour pour leur partenaire et la peur qu'il inspire. Cette dépendance émotionnelle et psychologique est renforcée par la manipulation de l'agresseur, qui utilise des arguments culpabilisants pour faire porter la responsabilité de la violence sur la victime, et non sur lui-même. L'agresseur peut lui faire croire qu'il la frappe par amour, ou que s'il se montre violent, c'est parce qu'elle l'a provoqué ou n'a pas su répondre à ses attentes.

Dans certains cas, l'agresseur parvient à convaincre la victime que personne ne pourra jamais l'aimer ou la protéger comme lui. Il joue sur ses faiblesses, ses peurs, et parfois même sur son passé, en exploitant ses vulnérabilités pour la rendre encore plus dépendante de lui. C'est ainsi que, sous le poids des manipulations et des violences, la femme perd progressivement toute autonomie émotionnelle et psychologique, se sentant piégée dans une relation qui semble sans issue.

Cette dépendance psychologique est souvent renforcée par la répression sociale qui entoure la question de la violence conjugale. Les femmes victimes peuvent se sentir honteuses de parler de ce qu'elles vivent, de peur d'être jugées ou rejetées par leurs proches. De plus, la société peut parfois minimiser la gravité de leur situation, les poussant à croire que leur souffrance est moins importante que celle des autres. Elles peuvent ainsi être convaincues que leur réalité est trop difficile à expliquer, ou qu'elles sont trop faibles pour changer les choses.

Dans ces circonstances, la violence devient un moyen d'extorquer une forme d'emprise psychologique et émotionnelle, rendant le départ ou même la simple dénonciation de la situation presque impossible pour la victime. La souffrance devient invisible, mais elle est tout aussi réelle et destructrice que n'importe quelle autre forme de violence. Cette forme de manipulation psychologique et de domination sert non seulement à isoler la victime, mais aussi à la rendre dépendante du pouvoir de l'agresseur, qui continue ainsi à contrôler sa vie, ses décisions et, finalement, son existence.

Les victimes de ce type de violences sont souvent confrontées à une bataille intérieure : d'un côté, un amour pour l'agresseur et l'espoir que tout s'arrangera, et de l'autre, la conscience qu'elles subissent un traitement inacceptable. Cette confusion psychologique peut durer des années, rendant la violence difficile à briser. C'est pourquoi l'un des plus grands défis pour ces femmes est de retrouver leur autonomie, de se reconstruire, et de croire à nouveau qu'elles ont la possibilité de mener une vie sans peur et sans soumission.

Le contrôle émotionnel et psychologique est l'un des aspects les plus invisibles et pernicieux des violences faites aux femmes. Bien qu'il ne laisse pas de traces physiques, il altère profondément l'identité de la victime, sa perception d'elle-même et sa place dans la société. Il est donc essentiel de comprendre et de reconnaître ces formes de violence afin de pouvoir mieux soutenir les victimes et leur offrir les ressources nécessaires pour briser le cycle de la violence et reconstruire leur vie.

Le viol comme arme de guerre

Dans les zones de conflit, les violences sexuelles sont utilisées pour humilier, terroriser et détruire des communautés. Des milliers de femmes subissent chaque année ces atrocités sans que les auteurs soient punis.

Dans les zones de conflit, les violences sexuelles prennent une dimension particulièrement tragique et systémique. Elles ne sont plus simplement des actes individuels de brutalité, mais deviennent des armes de guerre utilisées pour humilier, terroriser et détruire des communautés entières. Les violences sexuelles dans ces contextes vont au-delà des agressions isolées. Elles sont souvent instrumentalisées par les belligérants comme un moyen délibéré de s'attaquer à l'âme même des populations ennemies. Ces actes ont pour objectif de déstabiliser les structures sociales, culturelles et familiales, et de semer la peur et l'humiliation au sein des sociétés concernées.

Les violences sexuelles utilisées comme arme de guerre comprennent le viol collectif, les viols systématiques, les mutilations génitales et l'esclavage sexuel. Les victimes, qui sont principalement des femmes et des filles, sont souvent prises pour cible en raison de leur genre, mais aussi pour leur rôle central dans la reproduction de la culture, de la famille et de la communauté. Les agresseurs visent ainsi à détruire non seulement la victime individuelle, mais aussi l'intégrité de la communauté qu'elle représente. Ces violences sont souvent commises de manière publique, afin de maximiser l'humiliation de la victime et d'afficher le pouvoir du groupe dominant sur celui qui est dominé.

Le viol collectif est une tactique de terreur particulièrement courante dans les conflits armés. Dans de nombreux cas, des groupes de femmes sont enlevées, violées de manière répétée, parfois devant leurs proches ou dans des conditions d'extrême violence. Ces actes sont accompagnés de violences physiques et psychologiques telles que des coups, des tortures, ou des menaces de mort. La souffrance infligée aux victimes est aussi un moyen d'envoyer un message à la communauté, leur faisant savoir que leurs femmes, leurs mères et leurs filles sont désormais des proies. Le viol devient ainsi une arme stratégique, servant à démoraliser et à briser le moral de l'adversaire.

Les conséquences de ces violences sont dramatiques. Non seulement elles laissent des séquelles physiques dévastatrices, mais elles entraînent également des traumatismes psychologiques profonds. Les victimes de violences sexuelles en zones de conflit souffrent souvent de troubles post-traumatiques, de dépression sévère, d'anxiété et de sentiments de honte accablante. Ces femmes sont souvent stigmatisées dans leur propre communauté, non seulement en raison de ce qu'elles ont enduré, mais aussi parce que la société les considère parfois comme des "souillures" ou des "propriétés perdues". Cette stigmatisation est renforcée par les cultures patriarcales qui valorisent la pureté et la virginité des femmes. Ainsi, ces femmes, qui ont été forcées dans des actes de violence, se retrouvent également à porter le fardeau de l'exclusion et du rejet.

Les conséquences sociales et démographiques de ces violences sont également dramatiques. En détruisant la santé physique et mentale des femmes, en les mutilant ou en les rendant incapables de concevoir, les auteurs de violences sexuelles cherchent à affaiblir l'avenir même des communautés qu'ils ciblent. En rendant ces femmes incapables d'avoir des enfants, ces agressions ont un effet dévastateur à long terme, en diminuant le nombre de naissances et en menaçant la survie même de certaines communautés.

De plus, les violences sexuelles dans les zones de guerre sont souvent utilisées comme un moyen d'imposer la domination sur des territoires spécifiques. Elles sont l'expression d'un contrôle militaire ou politique sur une région, où la violence contre les femmes devient un moyen de terroriser et d'opprimer des populations entières. Ce phénomène est particulièrement marquant dans des conflits comme ceux en République Démocratique du Congo, au Darfour, ou en Bosnie, où des milliers de femmes ont été violées et mutilées en toute impunité, et où la violence sexuelle est devenue un outil systématique de guerre. Les violences sexuelles sont souvent utilisées pour "nettoyer" un territoire ethniquement ou religieusement, en cherchant à détruire les liens sociaux et familiaux.

L'impunité pour les auteurs de ces violences reste l'une des caractéristiques les plus choquantes des conflits modernes. Dans de nombreux cas, les responsables de viols de guerre, qu'ils soient soldats, chefs de guerre, ou membres de groupes armés, ne sont pas poursuivis, ou leurs actes sont minimisés. L'absence de mécanismes juridiques efficaces pour protéger les victimes et sanctionner les coupables permet à ces atrocités de se répéter année après année, sans que les victimes ne reçoivent justice. Bien que des progrès aient été réalisés dans la reconnaissance de la violence sexuelle en tant que crime de guerre, notamment avec la création de la Cour pénale internationale, les auteurs de ces crimes échappent encore trop souvent à la justice. Les tribunaux internationaux sont trop lents à rendre justice et de nombreuses victimes restent sans recours.

Le silence autour de ces violences est également une caractéristique du phénomène. Dans de nombreuses sociétés de guerre, il existe une culture de l'impunité, où les violences sont considérées comme une partie inévitable du conflit. De plus, la victime est souvent perçue comme étant responsable de ce qui lui arrive, ou bien elle est marginalisée au sein de la société, ce qui entrave encore davantage l'accès à l'aide et à la réparation. Les cicatrices invisibles laissées par ces violences, tant physiques que psychologiques, sont rarement prises en charge par les institutions humanitaires, qui sont souvent débordées par la magnitude des besoins dans les zones de conflit.

Les violences sexuelles en zones de guerre sont, en fin de compte, une tragédie qui dépasse l'individu. Elles sont un outil stratégique de déshumanisation et de destruction des sociétés. Elles laissent des communautés dévastées, où la souffrance, l'isolement et le traumatisme se perpétuent à travers les générations. La lutte contre ces violences nécessite une action internationale concertée, mais aussi une prise de conscience collective sur l'ampleur de ce phénomène. La communauté internationale doit renforcer les mécanismes judiciaires, soutenir les victimes, et travailler activement pour mettre fin à l'impunité. Il est essentiel de mettre en place des stratégies de prévention, de protection et de guérison pour briser le cycle de la violence et offrir aux survivantes un avenir digne et libre de terreur.

2.2 Les violences économiques

Les violences économiques sont souvent considérées comme des formes de violence invisibles, bien qu'elles aient des effets dévastateurs sur la vie des femmes. Contrairement aux violences physiques ou sexuelles, les violences économiques ne laissent pas de traces visibles, mais leurs conséquences sont tout aussi profondes et souvent dévastatrices. En contrôlant l'accès aux ressources financières, les agresseurs parviennent à priver les femmes de leur autonomie économique, les maintenant dans une dépendance totale vis-à-vis de leur bourreau. Ce contrôle des ressources se fait sous différentes formes, mais l'objectif reste le même : maintenir la victime dans une situation de soumission et de vulnérabilité, où elle est incapable de prendre des décisions pour elle-même ou de s'échapper de la relation violente.

L'une des manifestations les plus courantes des violences économiques est le contrôle direct des finances du foyer. Dans de nombreux cas, l'agresseur prend en charge toutes les décisions financières, refusant à la femme l'accès à de l'argent ou à des ressources nécessaires pour subvenir à ses propres besoins ou à ceux de ses enfants. Cela peut inclure la gestion exclusive des comptes bancaires, la limitation de l'argent de poche, ou l'interdiction d'acheter des biens essentiels comme de la nourriture ou des médicaments. En privant la femme de la possibilité de gérer ses finances, l'agresseur crée une situation où celle-ci devient totalement dépendante de lui pour ses besoins les plus basiques. Cette forme de violence peut être particulièrement insidieuse, car elle empêche la femme de quitter la relation abusive, même si elle en a le désir, car elle se retrouve sans ressources financières propres pour prendre soin d'elle-même ou de sa famille.

Une autre forme courante de violence économique consiste à interdire à la femme de travailler, ou à restreindre ses opportunités professionnelles. Cela peut se manifester par des pressions constantes, des menaces ou même des actes de violence physique ou verbale si la femme essaie d'occuper un emploi ou de poursuivre une carrière. L'agresseur peut invoquer des raisons telles que des préoccupations sur la sécurité de l'épouse, un soi-disant désir de préserver l'unité familiale, ou simplement le désir de garder le contrôle sur sa partenaire. Interdire à une femme de travailler, ou l'empêcher de développer ses compétences professionnelles, renforce sa dépendance économique et l'enferme dans un rôle subordonné. Elle devient alors prisonnière d'une dynamique où elle n'a pas la possibilité de choisir son avenir professionnel, et où la perspective d'un épanouissement personnel ou d'une indépendance financière devient irréalisable.

Dans d'autres cas, l'agresseur peut forcer la femme à s'endetter, souvent par des méthodes coercitives. Cela peut inclure la pression pour qu'elle contracte des prêts ou des crédits qu'elle ne pourra pas rembourser, créant ainsi une situation financière insoutenable. Ce piège de l'endettement est souvent utilisé pour rendre la femme encore plus vulnérable, car une fois qu'elle se trouve dans une situation d'endettement, elle est d'autant plus dépendante de son agresseur, qui peut menacer de faire pression sur elle ou de divulguer sa situation à des créanciers si elle tente de quitter la relation. L'endettement forcé rend la femme encore plus prisonnière de l'abuseur, et ses options pour sortir de la situation sont gravement réduites.

Les violences économiques ne se limitent pas uniquement au contrôle de l'argent ou au refus d'indépendance financière. Elles comprennent également des formes plus subtiles de manipulation, comme la restriction de l'accès à l'éducation ou à la formation professionnelle. En empêchant une femme d'acquérir des compétences nécessaires pour évoluer dans sa carrière, l'agresseur la maintient dans un état de dépendance économique et de faiblesse. Cela peut aussi inclure la gestion du temps, où l'agresseur s'assure que la femme n'a pas de temps à consacrer à ses projets personnels, professionnels ou à la gestion de ses finances, l'obligeant à se concentrer uniquement sur les tâches domestiques ou sur les besoins de l'agresseur.

Dans un contexte plus global, ces violences économiques sont exacerbées par des inégalités structurelles qui existent souvent dans les sociétés patriarcales. Dans de nombreuses cultures, les femmes sont déjà confrontées à des obstacles économiques liés à des discriminations de genre, notamment des écarts de salaires, des obstacles à l'accès à des postes de direction, ou encore des restrictions d'accès à la propriété ou à l'héritage. Dans ce cadre, la violence économique s'ajoute aux inégalités existantes, rendant encore plus difficile pour les femmes de sortir de situations abusives.

Les conséquences de ces violences économiques sont multiples et perdurent longtemps après la fin de la relation abusive. Les femmes victimes de violences économiques peuvent se retrouver sans ressources, avec des dettes, et sans aucune possibilité de reconstruire leur indépendance. L'incapacité de subvenir à leurs besoins et à ceux de leurs enfants peut les pousser à rester dans des situations abusives, par peur de l'instabilité ou de la précarité. L'impact à long terme peut également se manifester par une réduction des opportunités de carrière, un manque d'accès à des ressources sociales ou médicales, et une perte d'estime de soi. Le cycle de dépendance économique dans lequel les femmes sont prises rend leur rétablissement encore plus difficile, car elles ne disposent pas des moyens nécessaires pour quitter leur agresseur et se reconstruire.

De plus, les violences économiques sont souvent ignorées dans les débats publics et politiques sur la violence domestique. Elles sont rarement reconnues comme des formes graves de violence, bien qu'elles aient des répercussions directes sur la liberté, la sécurité et la dignité des femmes. La sensibilisation à ces formes de violence doit donc être accrue, afin que les femmes victimes d'abus économiques puissent recevoir le soutien nécessaire pour restaurer leur autonomie et échapper à l'emprise de leurs agresseurs.

Enfin, la lutte contre les violences économiques doit inclure des mesures législatives et sociales qui garantissent aux femmes des droits égaux à la propriété, à l'emploi et à la gestion de leurs finances. Cela inclut des lois qui permettent aux femmes de se protéger contre le contrôle abusif de leurs ressources financières, de garantir l'accès à des emplois bien rémunérés, et de lutter contre les discriminations de genre dans le monde professionnel. Une telle approche globale serait un pas décisif vers l'émancipation économique des femmes et la réduction des violences domestiques.

La dépendance financière comme outil de contrôle

Les femmes qui dépendent financièrement de leur agresseur sont plus susceptibles de rester dans des situations violentes.

La dépendance financière est l'un des outils les plus puissants dans le contrôle exercé par les agresseurs sur leurs victimes. Lorsqu'une femme est financièrement dépendante de son partenaire, elle perd une grande partie de son autonomie, ce qui crée un environnement propice à la violence. Cette forme de contrôle est subtile, mais profondément destructrice, car elle maintient la victime dans un état de vulnérabilité permanente, sans échappatoire possible. L'agresseur, en privant la femme de ses ressources économiques ou en limitant son accès à l'argent, la place dans une situation où il devient pratiquement impossible pour elle de se libérer de la relation abusive.

La dépendance financière peut prendre plusieurs formes. L'une des plus évidentes est le contrôle direct des finances du foyer. L'agresseur peut décider de garder l'argent sous son contrôle exclusif, limitant l'accès de la victime aux ressources nécessaires à son quotidien, comme l'alimentation, les soins médicaux, ou le logement. Ce contrôle financier se manifeste également par le fait d'interdire à la femme d'avoir un emploi ou de poursuivre une carrière, ce qui la prive de toute possibilité de gagner de l'argent de manière indépendante. En empêchant la femme de devenir économiquement autonome, l'agresseur l'empêche également de prendre des décisions indépendantes, ce qui la rend d'autant plus dépendante de lui.

Dans certains cas, l'agresseur peut également exercer un contrôle indirect, en créant des difficultés financières pour la victime. Par exemple, il peut accumuler des dettes au nom de la femme, ou encore prendre des crédits ou emprunter de l'argent qu'il ne remboursera pas. Cette situation contraint la femme à rester dans la relation, car elle se retrouve dans une position de précarité, où elle ne peut pas quitter l'agresseur sans risquer de se retrouver dans une situation encore plus difficile, avec des dettes qui ne lui appartiennent même pas.

La dépendance financière augmente les obstacles pratiques pour les femmes victimes de violence. Même lorsqu'elles souhaitent quitter la relation, les ressources financières limitées rendent cette fuite extrêmement difficile. Une femme qui n'a pas de revenu stable ou d'accès à des fonds propres peut se retrouver dans une situation où elle doit choisir entre rester dans un environnement violent, où elle est maltraitée mais financièrement prise en charge, ou partir et se retrouver sans ressources, sans toit, et dans un état de précarité extrême. Pour beaucoup de femmes, quitter un partenaire violent signifie non seulement affronter la peur de la violence physique, mais aussi la peur de l'insécurité économique. Dans ce contexte, l'agresseur maintient un pouvoir supplémentaire en exploitant les angoisses économiques de la victime, renforçant ainsi son contrôle sur elle.

Les femmes dont la situation économique est précarisée, souvent en raison de l'inégalité entre les sexes sur le marché du travail, se retrouvent particulièrement vulnérables à cette forme de contrôle. Si elles sont dans une position où elles ne peuvent pas subvenir seules à leurs besoins, l'agresseur peut utiliser l'argent comme une forme de chantage. Par exemple, il peut promettre une certaine somme pour le ménage ou pour les enfants, mais seulement si la femme se soumet à ses exigences. Il peut aussi manipuler l'argent pour empêcher la femme d'accéder à un logement ou à des services de santé, lui permettant de se sentir coincée dans la relation abusive, tout en maintenant l'apparence d'un foyer « normal » ou « stable ».

De plus, cette dépendance financière s'accompagne souvent d'un sentiment de honte et d'isolement pour la victime. La femme peut être réticente à chercher de l'aide par peur d'être jugée ou stigmatisée, notamment si elle dépend complètement de son partenaire pour ses besoins financiers. Elle peut également craindre de ne pas être crue ou de ne pas avoir les ressources nécessaires pour se défendre. Cette situation d'isolement la pousse encore plus à se conformer aux exigences de l'agresseur, car il devient l'unique source de soutien matériel et émotionnel, et elle se retrouve piégée dans une situation où elle n'a d'autre choix que de rester sous son contrôle.

Cette dynamique crée un cercle vicieux : plus la femme est dépendante financièrement, plus elle est vulnérable aux abus, et plus elle est vulnérable aux abus, moins elle peut envisager d'échapper à la situation. Ce cercle est renforcé par les inégalités systémiques de genre, qui souvent empêchent les femmes d'avoir les mêmes opportunités économiques que les hommes. De plus, dans certains cas, les femmes peuvent être incapables de quitter une relation abusive en raison des responsabilités familiales, telles que l'élevage des enfants ou le soin d'un parent âgé, combinées à la pauvreté ou au manque de ressources financières.

Dans ces situations, la violence économique devient un outil à la fois direct et indirect de domination. L'agresseur n'a même pas besoin de recourir à des violences physiques ou verbales constantes. En contrôlant les ressources financières, il instaure une forme de pouvoir subtile mais extrêmement efficace, qui maintient la femme dans une soumission quasi-permanente. Il la prive de toute possibilité d'autonomie, ce qui l'empêche de se projeter dans un avenir sans lui. En cultivant cette dépendance financière, l'agresseur crée une forme de pouvoir qui est difficile à briser, même après la fin de la relation abusive.

Les solutions à cette dépendance financière passent par des politiques publiques et des réformes économiques visant à garantir l'autonomie des femmes. Cela inclut l'accès égalitaire à l'emploi, des salaires équitables, des dispositifs de soutien aux femmes victimes de violences, tels que l'accès à un logement d'urgence, ainsi que des aides financières qui permettent aux femmes de quitter des situations de violence. Il est également crucial d'investir dans des services de soutien juridique et psychologique qui aident les femmes à comprendre leurs droits, à se reconstruire et à rétablir leur indépendance économique. L'émancipation des femmes ne peut se réaliser que si elles ont les moyens financiers de vivre de manière indépendante et d'échapper à la dépendance abusive dans laquelle elles sont plongées par la violence économique.

Les inégalités systémiques

L'écart salarial entre les sexes, le travail non rémunéré, et la précarisation des femmes renforcent leur vulnérabilité aux violences économiques.

Les inégalités systémiques sont au cœur des violences économiques faites aux femmes. Ces inégalités, qui traversent les sociétés à travers des structures sociales, économiques et politiques, alimentent un cercle vicieux où les femmes sont plus susceptibles d'être exploitées, abusées et dominées, y compris sur le plan financier. L'écart salarial entre les sexes, le travail non rémunéré et la précarisation croissante des femmes contribuent non seulement à leur vulnérabilité économique, mais également à leur dépendance vis-à-vis de leurs agresseurs. Ces inégalités ne sont pas simplement le fruit de choix individuels ou de comportements personnels, mais sont profondément enracinées dans des structures sociétales et économiques qui continuent de maintenir les femmes dans une position inférieure par rapport aux hommes.

L'écart salarial entre les sexes est l'une des manifestations les plus évidentes de ces inégalités. En moyenne, les femmes gagnent moins que les hommes pour un travail équivalent. Ce déséquilibre salarial est exacerbé dans certains secteurs où les femmes sont concentrées, comme le travail social, l'éducation ou les soins de santé, qui sont souvent moins rémunérés que des secteurs dominés par les hommes. Ce phénomène réduit les possibilités économiques des femmes et les empêche d'accumuler des ressources qui pourraient leur offrir une certaine sécurité financière. En étant moins payées, les femmes sont également plus dépendantes financièrement de leurs partenaires ou des membres masculins de leur famille, et ont moins de pouvoir de négociation dans une relation. Ce manque de ressources autonomes les rend plus vulnérables aux abus économiques et à la violence domestique, car elles ont peu de moyens de quitter une situation violente ou de se libérer de l'emprise de leur agresseur.

Le travail non rémunéré, en grande partie effectué par des femmes, est un autre aspect des inégalités systémiques qui renforcent la dépendance financière des femmes. Des millions de femmes à travers le monde consacrent une grande partie de leur temps à des tâches domestiques et de soins non rémunérées, comme l'éducation des enfants, le ménage, ou la prise en charge des membres âgés de la famille. Ce travail, bien qu'indispensable à la société, est souvent invisible et dévalorisé. Les femmes qui accomplissent ces tâches sont privées d'opportunités professionnelles et de revenus, ce qui les empêche de développer une indépendance économique. Ce travail non rémunéré les empêche de participer pleinement à la vie économique et sociale, les confinant à des rôles subordonnés et les exposant à des formes de dépendance économique, rendant ainsi leur sortie d'une situation abusive encore plus difficile. De plus, l'isolement social qui découle de cette répartition des tâches entre les sexes les prive souvent du soutien extérieur dont elles auraient besoin pour échapper à la violence domestique.

La précarisation des femmes, exacerbée par l'instabilité de l'emploi et le manque d'accès aux ressources économiques, est également un facteur déterminant qui renforce leur vulnérabilité à la violence économique. De nombreuses femmes occupent des emplois précaires, temporaires ou à temps partiel, avec des contrats instables et un faible salaire. Ce type de travail précarisé ne leur permet pas de constituer des économies, d'accéder à des soins de santé de qualité, ou de sécuriser leur avenir. Dans un tel contexte, la moindre difficulté financière, qu'il s'agisse de perdre son emploi, d'avoir une maladie, ou de se retrouver en situation de divorce ou de séparation, peut rapidement entraîner une situation de crise économique. Les femmes précaires, qui n'ont pas de filet de sécurité, se retrouvent ainsi plus enclines à accepter des relations abusives, car la peur de perdre leurs revenus ou de se retrouver sans abri les empêche de quitter une relation violente.

L'impact de ces inégalités systémiques sur la violence économique se manifeste également dans l'accès limité des femmes à des ressources juridiques et sociales. Dans de nombreux pays, les femmes en situation de précarité n'ont pas les moyens de se défendre face à leurs agresseurs, notamment parce qu'elles ne peuvent pas se permettre de payer pour des services juridiques, des conseils ou des procédures légales pour échapper à des relations abusives. La combinaison de l'instabilité économique et de la dépendance des femmes à leur partenaire contribue à leur maintien dans une situation de violence, car elles se retrouvent sans ressources pour se protéger ou pour reconstruire leur vie après un abus.

Cette précarité économique s'inscrit dans des politiques publiques et des législations qui ne répondent pas suffisamment aux besoins des femmes. Par exemple, dans de nombreux pays, les congés de maternité sont mal rémunérés ou inexistants, et les politiques de protection sociale ne sont pas adaptées pour soutenir les femmes victimes de violences économiques. De plus, la discrimination salariale, qui persiste dans de nombreux secteurs d'activité, reste un frein à l'autonomisation économique des femmes. Sans des politiques publiques ambitieuses pour combler cet écart salarial, garantir des droits égaux en matière de travail et protéger les femmes des abus économiques, il est difficile de lutter efficacement contre la violence économique et de briser les chaînes de dépendance financière.

En outre, les inégalités systémiques entre les sexes renforcent les stéréotypes de genre, selon lesquels les femmes sont censées être subordonnées aux hommes, notamment dans la sphère économique. Ces stéréotypes véhiculent l'idée que les femmes n'ont pas besoin de travailler pour subvenir à leurs besoins ou qu'elles doivent dépendre de leur partenaire masculin. Ce phénomène alimente les comportements abusifs, où les hommes utilisent leur pouvoir économique pour contrôler, exploiter et manipuler leurs partenaires. Dans un tel système, l'agression économique devient une prolongation naturelle du pouvoir patriarcal, où l'homme contrôle non seulement les ressources matérielles, mais aussi la liberté d'action et l'autonomie de la femme.

La lutte contre ces inégalités systémiques nécessite une approche globale qui remette en question la structure économique et sociale dans son ensemble. Des réformes législatives doivent être mises en place pour garantir une égalité salariale, pour mieux répartir les responsabilités familiales, et pour permettre aux femmes d'accéder à des emplois stables et rémunérés. Parallèlement, des politiques de soutien doivent être développées pour aider les femmes victimes de violences économiques à se libérer de leur situation, en leur offrant des aides financières, un accès à des services sociaux et juridiques, et des solutions de logement temporaire. Ces mesures sont essentielles pour briser le cycle de la dépendance économique et permettre aux femmes de se reconstruire indépendamment de leurs agresseurs.

2.3 Les violences institutionnelles et politiques

Les lois et les institutions sont censées protéger les victimes de violence, mais dans de nombreux cas, elles échouent à offrir une véritable protection. En dépit des avancées législatives dans certains pays, il reste de nombreuses lacunes et des défaillances dans la mise en œuvre de la loi, qui laissent les victimes sans défense face à la violence qu'elles subissent. Les lois incomplètes ou mal appliquées, l'absence de soutien juridique et de refuges pour les femmes, la lenteur judiciaire et les lacunes législatives renforcent l'impunité des agresseurs et la souffrance des victimes, tout en entretenant une culture d'inaction face à ces violences.

L'absence de refuges ou de soutien juridique est l'une des principales raisons pour lesquelles de nombreuses femmes restent coincées dans des situations de violence. Dans de nombreux pays, l'offre de services d'accompagnement pour les victimes de violences domestiques est insuffisante. Les refuges qui existent souvent sont rares, mal financés et ne disposent pas des ressources nécessaires pour prendre en charge toutes les femmes qui en ont besoin. La situation est d'autant plus dramatique dans les zones rurales ou isolées, où les femmes peuvent se retrouver dans une situation de totale vulnérabilité. Sans hébergement d'urgence ou assistance immédiate, ces femmes se trouvent dans l'impossibilité de fuir une situation de violence, ce qui entraîne des conséquences dramatiques. Elles n'ont pas de lieu sûr où se rendre et se retrouvent donc piégées dans un environnement abusif. De plus, sans un soutien juridique adéquat, les victimes sont souvent ignorées par le système judiciaire ou sont mal orientées dans leurs démarches, ce qui rend encore plus difficile la possibilité de quitter la situation de violence. Les avocats spécialisés dans les violences conjugales ou sexuelles sont rares et souvent inaccessibles pour les femmes économiquement vulnérables, ce qui réduit considérablement leurs chances d'obtenir une protection juridique efficace.

Les violences sexuelles en période de conflit sont un autre aspect tragique de cette question. Dans les zones de guerre, les violences sexuelles sont souvent utilisées comme arme de guerre par les groupes armés. Ces violences, qui peuvent inclure le viol, l'esclavage sexuel ou la mutilation génitale, visent non seulement à humilier et à terroriser les femmes, mais aussi à détruire des communautés entières en cassant les liens sociaux et familiaux. Dans de nombreux conflits, les violences sexuelles sont systématiques, orchestrées par des forces armées ou des groupes insurgés. Les femmes, souvent vues comme des symboles de la communauté ou de l'honneur d'une nation, deviennent des cibles privilégiées pour ces actes de barbarie. Dans ces situations de guerre, les victimes de violences sexuelles sont encore plus isolées et vulnérables, souvent privées de tout accès aux soins médicaux et au soutien psychologique, ce qui amplifie la souffrance physique et mentale qu'elles subissent. Le manque de protection juridique dans ces zones de conflit rend encore plus difficile pour ces femmes d'obtenir justice, et les auteurs de ces crimes sont rarement poursuivis. Les systèmes judiciaires locaux ou internationaux sont souvent incapables ou réticents à poursuivre les responsables de ces violences, ce qui laisse les femmes dans une situation de totale impunité.

Les violences institutionnelles représentent un autre aspect de l'échec des États à protéger les femmes. Lorsque les institutions publiques, comme la police, les services de santé ou les autorités judiciaires, négligent les droits des femmes ou échouent à les défendre efficacement, ces violences prennent une dimension systémique. Par exemple, dans certains pays, les policiers peuvent être complices des violences ou ne prennent pas les plaintes des femmes au sérieux. Les victimes sont souvent renvoyées, ignorées ou humiliées lorsqu'elles tentent de signaler les abus qu'elles subissent. Les professionnels de la santé, comme les médecins et les infirmières, qui devraient offrir des soins appropriés aux victimes de violences physiques ou sexuelles, sont parfois mal formés ou indifférents à la gravité de ces situations, ce qui entraîne un retard dans la prise en charge médicale des victimes. Ce manque de formation et d'empathie crée un environnement hostile où les femmes hésitent à dénoncer les violences de peur de ne pas être prises au sérieux ou de subir des représailles.

La lenteur du système judiciaire constitue également un obstacle majeur pour les victimes de violences. Dans de nombreux pays, les affaires de violences conjugales ou sexuelles sont souvent traitées avec une lenteur extrême. Les plaintes peuvent prendre des mois, voire des années, à être traitées, laissant les victimes dans l'attente et l'incertitude. Cette lenteur judiciaire a un impact direct sur les victimes : non seulement elle prolonge leur souffrance, mais elle crée également un sentiment d'impuissance et de désespoir. La perspective d'une justice tardive dissuade de nombreuses femmes de porter plainte, de peur de revivre leur traumatisme pendant une longue période sans obtenir de résultats tangibles. La lenteur de la justice contribue à la culture d'impunité, où les agresseurs savent qu'ils peuvent agir en toute tranquillité, en sachant que même si la victime dépose une plainte, il est peu probable que l'affaire avance rapidement ou que des sanctions soient prises.

Les lacunes législatives sont un autre facteur important qui laisse les femmes sans protection. Bien que de nombreux pays aient mis en place des lois contre les violences conjugales ou sexuelles, ces lois sont parfois mal définies, incomplètes ou insuffisamment adaptées aux réalités sociales. Par exemple, dans certains pays, les lois concernant le viol conjugal ne sont pas reconnues, ou sont définies de manière trop restrictive, ce qui empêche les femmes d'obtenir justice lorsqu'elles sont agressées par leur partenaire. De même, les lois contre les violences économiques sont souvent inexistantes ou trop vagues, ce qui empêche les femmes de se défendre contre l'abus économique ou la manipulation financière. De plus, dans certains systèmes juridiques, les procédures légales sont tellement complexes ou coûteuses qu'elles deviennent inaccessibles pour de nombreuses victimes. Les femmes issues de milieux défavorisés, en particulier, se retrouvent souvent privées des moyens nécessaires pour accéder à la justice, ce qui les rend particulièrement vulnérables aux violences. Ces lacunes législatives et l'absence de réformes adéquates nourrissent un climat d'impunité et d'inefficacité qui laisse les victimes de violences dans une situation désespérée.

Dans de nombreux cas, les violences faites aux femmes sont ainsi perçues comme un problème privé, qui ne nécessite pas une intervention législative ou institutionnelle forte. Ce manque de prise en charge institutionnelle des violences de genre, couplé à des lois mal appliquées ou inexistantes, perpétue la violence contre les femmes, les laissant dans une position d'isolement et d'inaction. Il est donc crucial que les États mettent en place des législations plus robustes, mieux appliquées et adaptées aux besoins des victimes. Cela inclut des procédures judiciaires accélérées, un meilleur soutien juridique et médical pour les victimes, la création de refuges accessibles à toutes, et une meilleure formation des acteurs de l'État pour garantir une réponse efficace et humaine face à ces violences.

Partie 3 : Les Conséquences Invisibles

La violence faite aux femmes ne se limite pas aux actes visibles ; elle laisse également des marques profondes et durables sur les victimes, leurs familles et la société dans son ensemble. Ces conséquences, souvent invisibles, touchent des dimensions aussi diverses que la santé mentale, les dynamiques familiales et le tissu socio-économique.

Les violences subies provoquent des traumatismes psychologiques majeurs, avec des effets sur la santé mentale à long terme. Dépression, anxiété, stress post-traumatique, et perte d'estime de soi sont autant de séquelles qui affectent gravement la qualité de vie des survivantes. Ces blessures intangibles, bien que difficiles à mesurer, altèrent profondément la capacité des femmes à reconstruire leur vie.

Ces violences ont également un impact intergénérationnel. Les enfants exposés à des environnements marqués par la violence sont plus susceptibles de développer des troubles émotionnels, comportementaux et relationnels. Cette transmission de la souffrance renforce le cycle de la violence, perpétuant les inégalités et les traumatismes d'une génération à l'autre.

Enfin, les coûts pour la société sont considérables. Outre les dépenses directes liées aux soins de santé, à l'aide sociale et au système judiciaire, les violences contre les femmes entraînent une perte de productivité, accentuent les inégalités économiques, et affaiblissent le développement social. Ces répercussions invisibles touchent l'ensemble de la communauté, soulignant l'urgence de lutter contre ces violences pour un avenir plus juste et équitable.

3.1 Traumatisme et santé mentale

Les violences faites aux femmes, qu'elles soient physiques, psychologiques, économiques ou sexuelles, laissent des séquelles profondes, souvent invisibles aux yeux de la société, mais qui affectent durablement la santé mentale et physique des victimes. Ces violences ne se contentent pas de causer des blessures visibles, mais s'infiltrent dans l'intimité des individus, détruisent leur perception d'eux-mêmes et altèrent leur capacité à se projeter dans l'avenir. Les conséquences psychologiques sont parfois aussi graves, voire plus, que les séquelles physiques. Dépression, anxiété, troubles de stress post-traumatique (TSPT), troubles alimentaires, insomnie, mais aussi des douleurs chroniques liées au stress, sont des manifestations fréquentes de la souffrance qui persiste bien après la fin des abus. Ces pathologies ont un impact considérable sur la qualité de vie des victimes et rendent leur processus de guérison encore plus difficile.

La dépression est l'une des conséquences les plus courantes des violences subies. Les femmes battues ou abusées vivent souvent dans un état de tristesse profonde, de perte d'intérêt pour les choses qui les entourent, et de sentiment de futilité. L'accumulation de maltraitance et de dévalorisation peut entraîner une perte de confiance en soi et un sentiment de culpabilité, où la victime se persuade que la violence est de sa faute, ou qu'elle mérite d'être punie. Ce sentiment de honte, de désespoir et de rejet peut entraîner des pensées suicidaires ou des comportements autodestructeurs. La dépression peut aussi être exacerbée par l'isolement social dans lequel sont souvent plongées les victimes, qui, dans de nombreux cas, sont coupées de leur réseau familial et amical par l'agresseur, ou par la crainte de la stigmatisation et de l'incompréhension si elles choisissent de parler.

L'anxiété est également une conséquence fréquente des violences faites aux femmes. Après avoir vécu dans la peur, que ce soit celle d'une agression physique imminente ou de représailles, de nombreuses victimes souffrent de troubles anxieux. Elles peuvent développer des phobies, des crises de panique, ou une hypervigilance constante, les rendant incapables de se détendre ou de se sentir en sécurité, même dans des environnements qui devraient être protecteurs. Le simple fait de se rendre dans des lieux publics ou de rencontrer de nouvelles personnes peut provoquer des attaques de panique chez celles qui ont vécu une violence prolongée. Cette anxiété peut être si intense qu'elle interfère avec leur capacité à mener une vie normale, à travailler, ou à interagir avec les autres de manière saine. La peur devient une constante dans leur existence, la perte de contrôle de soi-même et de son environnement un fardeau quotidien.

Les troubles de stress post-traumatique (TSPT) sont un autre impact psychologique majeur des violences faites aux femmes. Le TSPT survient souvent après un événement traumatisant, et les femmes ayant subi des violences physiques, sexuelles ou psychologiques sont particulièrement vulnérables à ce trouble. Les symptômes incluent des flashbacks (revivre l'événement de manière intense, comme si c'était en train de se produire à nouveau), des cauchemars, une hypervigilance, des émotions engourdies, et une distanciation émotionnelle. Les victimes peuvent ressentir une perte de contrôle et d'impuissance permanente. Le TSPT peut également entraîner des symptômes physiques, comme des troubles du sommeil, des douleurs musculaires et des maux de tête, qui sont souvent attribués à des facteurs psychologiques mais peuvent devenir chroniques et débilitants au fil du temps. Ce trouble altère profondément la capacité d'une victime à fonctionner dans la vie quotidienne, rendant chaque aspect de l'existence, travail, relations personnelles, activités sociales, difficile et accablant.

Outre les troubles mentaux, les violences faites aux femmes peuvent entraîner des séquelles physiques durables. Les blessures physiques causées par des coups, des brûlures, des fractures ou d'autres formes de maltraitance peuvent laisser des marques visibles, mais des blessures invisibles peuvent aussi perdurer longtemps après la fin de la violence. Par exemple, des douleurs chroniques, souvent liées à des traumatismes corporels ou à un stress intense, peuvent s'installer et être très difficiles à traiter. Les femmes victimes de violences peuvent souffrir de douleurs lombaires, de céphalées chroniques, ou de troubles musculo-squelettiques dus à des tensions accumulées au fil du temps. Ces douleurs peuvent être amplifiées par des facteurs psychologiques, comme l'anxiété ou la dépression, et aggraver la condition physique globale de la victime. Les douleurs chroniques ont un impact dévastateur sur la qualité de vie, rendant difficile l'exercice d'une activité professionnelle ou la participation à des activités sociales, ce qui plonge les victimes encore plus dans l'isolement.

De plus, certaines violences laissent des séquelles physiques irréversibles, comme les mutilations génitales féminines (MGF), qui sont pratiquées dans certaines cultures comme une forme de contrôle et d'humiliation des femmes. Les MGF entraînent non seulement des douleurs physiques immédiates, mais également des complications à long terme telles que des infections, des troubles urinaires, des difficultés à accoucher, ainsi que des conséquences psychologiques profondes. Les femmes ayant subi ces mutilations vivent souvent avec un sentiment d'humiliation constant, une perte de leur intégrité corporelle et une souffrance liée à la mémoire de l'agression.

Les violences faites aux femmes, qu'elles soient physiques, sexuelles ou psychologiques, impactent également la santé reproductive des victimes. Les violences sexuelles peuvent entraîner des infections, des grossesses non désirées, des avortements spontanés ou forcés, ainsi que des troubles menstruels et des complications à long terme sur la fertilité. Ces séquelles sont souvent ignorées ou minimisées par les systèmes de santé, où les victimes peuvent se sentir honteuses d'exposer leurs blessures ou leurs douleurs, ou être mal prises en charge par des professionnels mal formés. Le manque de soutien médical approprié pour traiter ces blessures renforce l'isolement et la souffrance des victimes.

Enfin, il est crucial de comprendre que ces séquelles physiques et psychologiques ne sont pas seulement des conséquences passagères. Elles peuvent se prolonger sur plusieurs années, voire toute une vie, et rendre le processus de guérison extrêmement long et difficile. Pour les femmes victimes de violences, le chemin vers la guérison nécessite une prise en charge holistique qui intègre à la fois les soins physiques et mentaux. Un accompagnement médical adapté, des thérapies psychologiques, mais aussi un environnement sûr et soutenant sont essentiels pour permettre aux victimes de se reconstruire et de sortir de la spirale de la violence. Le manque de ressources pour cette prise en charge, ou l'absence de services spécialisés, rend encore plus difficile pour les victimes de se remettre des violences qu'elles ont subies.

Les séquelles des violences faites aux femmes ne se limitent donc pas aux événements immédiats de l'agression. Elles affectent profondément la santé mentale, physique et émotionnelle des victimes, rendant la guérison d'autant plus complexe et nécessitant un accompagnement global, soutenu et durable. Ces marques invisibles, qui traversent les générations et les cultures, témoignent du coût humain des violences de genre et de la nécessité urgente de mettre en place des systèmes de soutien solides pour aider les victimes à se reconstruire.

3.2 Impact intergénérationnel

Quand les enfants grandissent dans des foyers violents, les effets se répercutent sur des générations.

L'impact intergénérationnel des violences faites aux femmes est un phénomène complexe et dévastateur, qui traverse les générations et marque profondément les individus, les familles et les sociétés. Lorsqu'un enfant grandit dans un foyer où la violence est présente, qu'elle soit physique, psychologique ou sexuelle, les effets de cette violence peuvent se répercuter non seulement sur l'enfance de l'enfant, mais aussi sur son développement à long terme, ses relations futures, et même la manière dont il ou elle fondera sa propre famille. Le cycle de la violence se perpétue ainsi, car les enfants qui ont été témoins ou victimes de violences apprennent souvent, de manière implicite ou explicite, à considérer cette violence comme normale, ou à internaliser des comportements abusifs comme des modèles de relation.

Les enfants qui grandissent dans des foyers violents vivent souvent dans un climat de peur constante et d'instabilité émotionnelle. Ce stress chronique a des répercussions directes sur leur développement cognitif et émotionnel. La violence domestique génère un environnement où l'incertitude et l'anxiété sont omniprésentes, rendant difficile pour l'enfant de se concentrer, d'apprendre, et de développer des relations saines avec les autres. L'attention des enfants est constamment sollicitée par les tensions familiales, et ils sont souvent incapables de se concentrer sur leurs études ou leurs activités quotidiennes, ce qui affecte leur réussite scolaire et leur développement personnel. De plus, l'exposition régulière à la violence empêche les enfants de se sentir en sécurité, leur privant de l'un des besoins fondamentaux de l'enfance. Cette insécurité peut engendrer des troubles du comportement, de l'anxiété, des troubles de l'attachement, voire des symptômes dépressifs à un âge très jeune.

L'exposition à la violence peut également avoir des effets durables sur la santé mentale des enfants. Les recherches montrent que les enfants exposés à la violence domestique sont plus susceptibles de souffrir de troubles de stress post-traumatique (TSPT), d'anxiété généralisée, de dépression, ou encore de comportements agressifs. Ces troubles peuvent persister longtemps après que l'enfant ait quitté le foyer violent, influençant la manière dont il ou elle interagit avec les autres et gère ses émotions à l'âge adulte. Les enfants qui ont grandi dans des environnements violents sont également plus susceptibles de développer une vision déformée des relations interpersonnelles. Pour eux, la violence peut devenir une réponse acceptable aux conflits ou aux désaccords, car c'est ce qu'ils ont appris de leurs figures parentales. Cela peut les amener à répéter ces comportements dans leurs propres relations, que ce soit en devenant eux-mêmes des agresseurs ou des victimes de violence.

Le cycle intergénérationnel de la violence ne se limite pas seulement à la répétition des comportements violents, mais s'étend aussi à l'intériorisation des rôles de genre dominants et subordonnés. En grandissant dans un environnement où la violence envers les femmes est présente, les garçons peuvent être influencés par des stéréotypes de genre qui leur enseignent que l'agression est une méthode acceptable de contrôle et d'autorité. Ils peuvent assimiler que la domination, l'agression et le contrôle sont des expressions de pouvoir légitimes. De l'autre côté, les filles grandissant dans ces foyers violents peuvent développer des comportements d'obéissance, de soumission et de résignation, en apprenant que leur place est de supporter la violence sans se rebeller. Elles peuvent également développer une faible estime de soi et une acceptation de leur propre maltraitance, en raison de l'absence de modèles sains de relations.

Les conséquences de cette transmission de la violence à travers les générations vont bien au-delà du cercle familial. Elles affectent également la société dans son ensemble. Les enfants témoins de violences domestiques sont plus susceptibles de reproduire des schémas violents dans leurs propres familles. Ce phénomène contribue à la perpétuation des inégalités de genre et des comportements abusifs au sein des communautés. Ce cycle de violence générationnel peut créer une normalisation de la violence, où les comportements violents sont banalisés, et où il devient de plus en plus difficile de briser le silence autour des violences domestiques.

Dans le contexte de la violence conjugale, les enfants qui grandissent dans ces environnements violents sont souvent témoins de la souffrance de leur mère, ce qui peut affecter leur perception des femmes et de leur rôle dans la société. Pour ces enfants, la mère peut incarner à la fois la victime et la figure de l'autorité qui est systématiquement dévalorisée et dominée. Ces enfants, particulièrement les garçons, peuvent considérer les femmes comme étant naturellement inférieures ou dépendent des hommes pour leur sécurité et leur bien-être. Ce type de modèle parental favorise la perpétuation des comportements sexistes et des rapports de domination dans les générations futures.

D'autre part, il est aussi possible de briser ce cycle de violence. L'intervention précoce, les programmes de soutien aux victimes, et les ressources pour les enfants exposés à la violence peuvent atténuer les conséquences négatives de cette expérience. Des thérapies familiales, des interventions éducatives et la sensibilisation aux effets de la violence peuvent aider à reconstruire des modèles relationnels plus sains. Il existe également des programmes de prévention qui visent à offrir aux enfants un environnement sûr et stable, loin de la violence, leur permettant de développer des compétences sociales et émotionnelles qui les aideront à gérer les conflits de manière constructive et non violente.

En fin de compte, l'impact intergénérationnel de la violence faite aux femmes est une question qui touche profondément l'ensemble de la société. Le traumatisme causé par la violence ne se limite pas à la victime immédiate, mais s'étend aux générations suivantes, influençant leur manière de comprendre les relations humaines et d'interagir avec le monde. Briser ce cycle exige un engagement à long terme, à la fois à l'échelle individuelle et sociétale, afin de créer des environnements familiaux et sociaux où la violence est non seulement inacceptable, mais également combattue par l'éducation, le soutien et des lois protectrices.

3.3 Les coûts pour la société

Les violences faites aux femmes ont des conséquences profondes et étendues, non seulement sur les victimes elles-mêmes, mais aussi sur la société dans son ensemble. Ces violences engendrent des coûts directs et indirects qui pèsent lourdement sur les systèmes de santé, de justice, ainsi que sur l'économie globale. Les coûts économiques de la violence faite aux femmes sont bien plus élevés qu'on ne le pense souvent, car ils affectent une multitude de secteurs sociaux et économiques. Au-delà des souffrances humaines et des séquelles psychologiques des victimes, la violence de genre impose une pression considérable sur les ressources publiques et les capacités économiques des nations.

L'une des premières répercussions économiques directes des violences faites aux femmes est la **perte de productivité économique**. Les femmes victimes de violence, en raison des séquelles physiques et psychologiques, sont souvent contraintes de prendre des congés de maladie, de réduire leur charge de travail ou même de quitter leur emploi pour se remettre des abus subis ou pour échapper à une situation violente. Cette réduction de la productivité génère une perte considérable pour l'économie, car elle implique non seulement des absences de travail et des licenciements, mais aussi une diminution de la participation des femmes au marché du travail. De plus, cette perte de productivité se répercute sur le revenu global des foyers, aggravant ainsi la précarité économique des victimes et limitant leur accès à l'autonomie. Ce phénomène est particulièrement marquant dans les pays où les femmes représentent une part importante de la main-d'œuvre, notamment dans des secteurs comme la santé, l'éducation, ou l'administration, qui sont souvent composés majoritairement de femmes.

Les coûts pour les **systèmes de santé** sont également considérables. Les femmes victimes de violences ont souvent besoin de soins médicaux pour traiter les blessures physiques visibles ou invisibles, comme les fractures, les contusions, les brûlures, ou les traumatismes internes. En outre, les violences sexuelles engendrent des infections, des traumatismes génitaux, des grossesses non désirées, et peuvent être à l'origine de maladies sexuellement transmissibles. Ces soins médicaux peuvent nécessiter des traitements de longue durée, voire des hospitalisations, augmentant ainsi les dépenses des systèmes de santé. Mais les effets ne s'arrêtent pas aux blessures immédiates : les victimes de violence subissent fréquemment des conséquences à long terme, comme des troubles de stress post-traumatique (TSPT), des dépressions chroniques, des troubles de l'anxiété, des troubles alimentaires, et des maladies cardiovasculaires liées au stress chronique. La prise en charge de ces pathologies psychologiques nécessite des traitements psychiatriques et psychothérapeutiques coûteux, sans compter le suivi médical à long terme. Les femmes victimes de violence nécessitent donc une gamme étendue de soins médicaux, ce qui place une lourde charge sur les systèmes de santé publics et privés.

Les **coûts pour les systèmes de justice** sont également un aspect majeur de cette problématique. Les enquêtes, les poursuites judiciaires et les procédures judiciaires liées aux violences faites aux femmes génèrent des coûts pour l'État. La gestion des plaintes, la fourniture d'une assistance juridique, les enquêtes policières, ainsi que le suivi des cas dans les tribunaux engendrent des dépenses substantielles pour les institutions publiques. De plus, lorsque les violences sont répétées et non résolues, les coûts pour le système judiciaire augmentent au fil du temps, car des cas plus graves nécessitent des interventions plus longues et plus complexes. La lenteur des procédures judiciaires dans de nombreux pays, due à un manque de ressources ou à des délais d'attente prolongés, accroît ces coûts, sans parler du fardeau sur les victimes, qui se retrouvent souvent dans une situation de stress prolongé et d'incertitude juridique.

Les violences faites aux femmes ont donc un **coût économique** direct et indirect pour la société, qui se chiffre en milliards d'euros dans de nombreux pays européens. En Europe, les violences faites aux femmes représentent un fardeau économique majeur, non seulement en termes de soins de santé et de soutien judiciaire, mais aussi en termes de productivité perdue. Une étude de la Commission européenne a estimé que les violences basées sur le genre coûtaient à l'Union européenne environ 225 milliards d'euros par an, une somme qui inclut non seulement les dépenses pour les soins de santé, les services sociaux et les interventions judiciaires, mais aussi les coûts indirects liés à la perte de productivité et à l'absentéisme au travail. Ce chiffre met en lumière l'ampleur de l'impact économique des violences faites aux femmes, qui ne se limite pas à la sphère privée mais s'étend à l'ensemble de la société, affectant les finances publiques, le marché du travail, et les perspectives économiques à long terme.

Ces coûts économiques, bien que considérables, ne tiennent pas compte de l'impact humain et social profond des violences faites aux femmes. Cependant, leur ampleur démontre clairement qu'investir dans la prévention des violences et dans la prise en charge des victimes serait non seulement une mesure de justice sociale, mais aussi un investissement dans la croissance économique durable. En mettant en place des politiques de soutien à la prévention, en assurant un meilleur accès à la justice, et en renforçant les systèmes de santé pour prendre en charge les victimes de violence, les sociétés peuvent réduire les coûts économiques liés à la violence faite aux femmes tout en favorisant des environnements de vie plus sûrs et plus égalitaires.

Il est essentiel de souligner que la violence faite aux femmes n'est pas seulement un problème de droits humains, mais aussi une question de **développement économique et social**. Les politiques qui permettent de réduire les violences, d'apporter un soutien systématique aux victimes et de condamner fermement les agresseurs ne sont pas seulement nécessaires d'un point de vue éthique, mais aussi d'un point de vue économique. Une société où les femmes vivent en sécurité, où elles ont accès aux mêmes opportunités économiques et sociales que les hommes, est une société plus productive, plus équitable, et plus prospère.

Partie 4 : Lutter contre les Violences, Approche Globale

La lutte contre les violences exige une approche globale et coordonnée, qui s'attaque aux causes profondes tout en offrant des réponses concrètes et adaptées aux besoins des victimes. Cela passe par des efforts conjoints en matière de prévention, de soutien, de réforme institutionnelle et de mobilisation collective.

L'éducation joue un rôle central dans la prévention. En déconstruisant les stéréotypes de genre, en enseignant le respect et l'égalité dès le plus jeune âge, et en sensibilisant à la notion de consentement, il est possible de réduire la normalisation de la violence. Les programmes éducatifs doivent s'adresser à tous, en particulier aux jeunes, pour transformer les mentalités et prévenir les comportements abusifs.

Soutenir les victimes est une priorité. Cela implique un accès facilité à des services de santé, à une aide juridique et psychologique, ainsi qu'à des refuges pour les protéger et les accompagner dans leur reconstruction. Les structures d'accueil doivent être renforcées et adaptées à la diversité des besoins des survivantes.

Les systèmes judiciaires et policiers nécessitent des réformes profondes pour mieux répondre à ces violences. Cela inclut une formation accrue des forces de l'ordre et des magistrats, des procédures simplifiées et accessibles, ainsi que des politiques plus sévères contre l'impunité. Ces institutions doivent devenir des alliées des victimes et non des obstacles supplémentaires.

La mobilisation de la société civile est indispensable pour amplifier le combat. Associations, militants, et citoyens ont un rôle crucial dans la dénonciation des violences, la sensibilisation et la mise en œuvre de solutions. Ensemble, ces actions convergentes peuvent ouvrir la voie à une société plus sûre, plus égalitaire et libérée des violences.

4.1 Prévention : Éduquer pour déconstruire

La prévention de la violence faite aux femmes passe avant tout par un travail en amont, axé sur l'éducation et la sensibilisation des jeunes générations. La violence de genre n'est pas un phénomène isolé, mais un produit de normes et de stéréotypes profondément ancrés dans les sociétés. Ces stéréotypes, qui définissent les rôles et les comportements « appropriés » pour les hommes et les femmes, sont souvent enseignés dès le plus jeune âge, à travers la famille, l'école, les médias, et d'autres instances sociales. Il est donc indispensable de déconstruire ces représentations dès le début de l'éducation, pour prévenir les violences futures et promouvoir une société plus égalitaire.

L'importance de l'éducation à l'égalité dès le plus jeune âge

L'éducation à l'égalité des genres est un outil fondamental pour empêcher la reproduction des comportements violents. Dès la petite enfance, les enfants sont confrontés à des modèles sociaux qui leur enseignent ce que signifie être un garçon ou une fille. Les jeux, les jouets, les couleurs et même les attentes parentales renforcent des rôles de genre rigides : les garçons sont encouragés à être forts, actifs et dominants, tandis que les filles sont socialisées pour être dociles, attentionnées et soumises. Cette division précoce des rôles sociaux crée des inégalités structurelles qui, au fil du temps, peuvent devenir des sources de violences.

L'éducation à l'égalité permet de briser ces stéréotypes et de redéfinir les rôles sociaux, non en fonction du sexe, mais des qualités humaines universelles comme le respect, la bienveillance, et la solidarité. Cela signifie enseigner aux garçons qu'ils ont le droit d'exprimer leurs émotions, qu'ils n'ont pas à être violents pour être puissants, et qu'ils doivent respecter les droits des femmes. De même, il est essentiel d'enseigner aux filles à se considérer comme égales aux garçons, à défendre leurs droits et à revendiquer leur place dans la société. En leur offrant des modèles égalitaires et des repères solides, l'éducation devient un levier de changement fondamental pour éradiquer les inégalités de genre et les violences qui en découlent.

Dès l'école primaire, des programmes spécifiques peuvent être mis en place pour sensibiliser les enfants aux droits de l'homme, à l'égalité des sexes et à la lutte contre la violence. Ces programmes permettent de faire comprendre dès le plus jeune âge que la violence, sous toutes ses formes, n'est jamais acceptable. Ils devraient inclure des enseignements sur le consentement, le respect des autres, la gestion pacifique des conflits, et l'importance de l'empathie. À travers des jeux de rôles, des ateliers interactifs et des discussions, les enfants peuvent apprendre à identifier des comportements violents et à adopter des comportements positifs, tout en renforçant leur estime d'eux-mêmes et leur capacité à défendre leurs droits.

Rôle des médias dans la diffusion ou la déconstruction des stéréotypes

Les médias, en tant qu'acteurs clés de la société, ont un rôle majeur à jouer dans la prévention de la violence faite aux femmes. En diffusant des images, des messages et des récits, les médias contribuent largement à façonner nos représentations collectives de la masculinité, de la féminité et des relations de pouvoir. Pendant longtemps, ces représentations ont véhiculé des stéréotypes sexistes et des modèles de comportements violents, que ce soit dans les films, les publicités, les séries télévisées ou même sur les réseaux sociaux.

Les stéréotypes de genre, notamment ceux qui lient la virilité à la violence ou la soumission féminine à la passivité, sont omniprésents dans les médias traditionnels et numériques. Les films et les séries, par exemple, ont longtemps mis en avant des personnages masculins forts, autoritaires et souvent violents, tandis que les femmes étaient souvent reléguées à des rôles de victimes ou de soutiens aux hommes. Ces images participent à la normalisation de la violence envers les femmes, en créant un climat où les comportements abusifs sont tolérés, voire glorifiés. De même, les publicités qui objectivent le corps des femmes, en les réduisant à des objets de désir, alimentent une culture qui minimise le respect et la dignité des femmes.

Cependant, les médias ont également un potentiel immense pour changer les mentalités et déconstruire ces stéréotypes. Une représentation positive et égalitaire des femmes dans les médias peut servir de modèle pour de nombreux jeunes. Il est essentiel de promouvoir des personnages féminins complexes, autonomes et puissants, qui ne sont pas définis par leur relation à un homme ou leur apparence physique, mais par leurs actions, leurs talents et leurs aspirations. À travers des séries, des films, des livres et des reportages, il est possible de diffuser des récits qui montrent des relations égalitaires, fondées sur le respect mutuel, l'écoute et la compréhension.

Les médias sociaux jouent également un rôle croissant dans la lutte contre les violences faites aux femmes. Ces plateformes offrent un espace pour que les voix des victimes et des militantes se fassent entendre. Elles permettent de dénoncer publiquement les violences, de partager des témoignages, d'organiser des campagnes de sensibilisation et d'encourager les comportements respectueux. Les mouvements comme #MeToo ou #BalanceTonPorc ont montré comment les médias sociaux peuvent devenir des catalyseurs puissants pour faire changer les mentalités, bousculer les normes et sensibiliser un large public aux enjeux de la violence de genre.

Les journalistes, les créateurs de contenu et les influenceurs ont également une responsabilité importante dans ce processus. Par leur choix de sujets, leur traitement de l'information et les messages qu'ils véhiculent, ils ont la capacité de remettre en question les stéréotypes de genre et d'encourager des modèles plus égalitaires. Par exemple, en abordant les violences sexuelles ou conjugales avec sérieux et respect, sans minimiser la souffrance des victimes, les médias peuvent sensibiliser le public et contribuer à un changement de perception sur ces sujets. L'éthique du journalisme doit inclure la lutte contre la culture du viol, la réduction des discours victimisants et la promotion des droits des femmes.

La prévention de la violence faite aux femmes passe par une action collective et continue, où l'éducation à l'égalité et les médias ont un rôle clé. Il est nécessaire de changer les représentations sociales pour éradiquer les stéréotypes sexistes et promouvoir une culture du respect et de l'égalité. C'est à travers cette déconstruction des préjugés que nous pourrons espérer réduire et, à terme, éliminer la violence de genre.

4.2 Soutenir les victimes

Soutenir les victimes de violences faites aux femmes est un aspect essentiel de la lutte contre ce fléau. Trop souvent, les victimes se retrouvent seules, isolées et sans ressources pour échapper à des situations dangereuses. Les structures d'accueil et de soutien, ainsi que des politiques de tolérance zéro dans les entreprises et institutions, sont cruciales pour leur offrir une aide concrète et un environnement sûr où elles peuvent se reconstruire. Il ne s'agit pas simplement d'une question de protection, mais aussi de permettre aux victimes de retrouver leur autonomie, leur dignité et leur place dans la société.

Renforcer les structures d'accueil et de soutien

Les victimes de violence ont besoin de services spécialisés qui répondent à leurs besoins immédiats et à long terme. Le renforcement des structures d'accueil est essentiel pour offrir une protection physique et psychologique, ainsi qu'un accès à des services juridiques, médicaux et sociaux. Les refuges, par exemple, jouent un rôle clé en offrant aux femmes un hébergement temporaire sûr, loin de leurs agresseurs, et en les accompagnant dans la recherche de solutions pour se reconstruire.

Cependant, ces refuges doivent être plus nombreux et mieux financés. Dans de nombreuses régions, l'offre d'hébergement est insuffisante, ce qui oblige les femmes à revenir dans des situations violentes faute de place. De plus, les refuges doivent offrir des services adaptés à la diversité des victimes. Par exemple, certaines femmes peuvent avoir des besoins spécifiques en raison de leur origine ethnique, de leur statut migratoire, ou de leur orientation sexuelle. Il est donc primordial que les structures d'accueil soient inclusives, culturellement sensibles, et capables de répondre aux besoins spécifiques des femmes vulnérables.

Au-delà de l'hébergement, un soutien psychologique spécialisé est indispensable pour aider les victimes à surmonter les traumatismes liés à la violence subie. Les victimes de violences physiques et sexuelles souffrent souvent de troubles psychologiques sévères, tels que la dépression, l'anxiété, le syndrome de stress post-traumatique (TSPT), qui peuvent les empêcher de prendre des décisions claires et de se projeter dans l'avenir. Offrir des consultations thérapeutiques régulières et des groupes de soutien permet de les aider à se reconstruire émotionnellement, à retrouver leur confiance en elles et à comprendre les mécanismes de la violence pour mieux s'en libérer.

Les services juridiques doivent aussi être accessibles et gratuits pour les victimes, afin qu'elles puissent comprendre leurs droits et se défendre efficacement. Souvent, les femmes victimes de violence se retrouvent face à des démarches administratives compliquées, à des retards dans les procédures judiciaires, ou à des obstacles dans l'accès à la justice. Des conseillers juridiques formés aux spécificités des violences faites aux femmes doivent être présents dans les refuges et les structures d'accueil pour accompagner les victimes dans leurs démarches.

Enfin, le soutien à long terme est tout aussi crucial. Après avoir quitté une situation de violence, de nombreuses femmes se retrouvent en grande précarité, sans ressources économiques et sans réseau de soutien. L'accompagnement dans la recherche d'un emploi, la formation, ou l'accès au logement stable est indispensable pour leur permettre de se réinsérer dans la société et d'atteindre une indépendance durable.

Mettre en place des politiques de tolérance zéro au sein des entreprises et institutions

Les violences faites aux femmes ne se limitent pas au domicile. Elles trouvent également un terrain de reproduction dans de nombreux environnements institutionnels et professionnels. Pour soutenir les victimes et prévenir la violence, il est essentiel que les entreprises et les institutions mettent en place des politiques de tolérance zéro face à toute forme de violence ou de harcèlement sexuel. Ces politiques doivent non seulement interdire fermement les comportements abusifs, mais aussi offrir un cadre dans lequel les victimes se sentent en sécurité pour dénoncer ces violences sans crainte de représailles.

Dans le milieu du travail, le harcèlement sexuel et les violences psychologiques sont des réalités fréquentes. Les femmes, en particulier celles occupant des postes précaires ou dans des secteurs dominés par des hommes, sont souvent victimes de comportements abusifs, allant des remarques sexistes aux agressions sexuelles. Or, trop souvent, ces situations sont ignorées, minimisées, ou même couvertes par un silence complice, soit par peur des représailles, soit par manque de mécanismes de signalement fiables. Pour mettre fin à ce cercle de l'impunité, les entreprises doivent instaurer des procédures claires et accessibles pour dénoncer les abus, tout en garantissant la confidentialité et la protection des victimes. De plus, les employeurs doivent s'engager à former le personnel à la prévention du harcèlement sexuel et à sensibiliser les managers et les ressources humaines aux enjeux liés à la violence de genre.

Les entreprises doivent également encourager un environnement de travail respectueux et égalitaire, où les femmes se sentent valorisées et entendues. Cela implique de promouvoir une culture de respect, d'inclusivité et de bien-être au travail. Les initiatives de prévention des violences doivent faire partie intégrante des politiques internes des entreprises et des institutions, avec des formations régulières pour les employés, des actions de sensibilisation et des campagnes de communication pour remettre en question les stéréotypes sexistes et promouvoir l'égalité.

Dans le secteur public, les institutions doivent adopter une approche similaire pour garantir que les victimes de violences de genre puissent trouver des services de soutien adéquats, que ce soit dans les écoles, les hôpitaux ou les services sociaux. Il est également important que ces institutions s'engagent à protéger les dénonciateurs de violence, qu'ils soient victimes ou témoins, en leur offrant des garanties contre toute forme de représailles. De même, les responsables politiques doivent veiller à l'application stricte des lois contre les violences faites aux femmes et à la mise en œuvre des politiques publiques favorisant l'égalité.

Soutenir les victimes de violence passe par un système de soutien global et accessible qui inclut des structures d'accueil adaptées, un soutien psychologique, juridique et matériel, ainsi que des politiques institutionnelles qui garantissent leur protection, que ce soit dans la sphère privée, professionnelle ou publique. Seule une approche complète et coordonnée, associée à une volonté politique forte, pourra véritablement apporter une aide concrète aux victimes et leur permettre de se reconstruire, loin du cycle de la violence.

4.3 Réformer les systèmes judiciaires et policiers

Réformer les systèmes judiciaires et policiers face à la violence faite aux femmes est un élément fondamental de la lutte contre ce fléau. Un système judiciaire et policier efficace et respectueux de la victime est indispensable pour permettre à celles-ci de dénoncer les violences subies et d'obtenir justice. Trop souvent, les femmes se retrouvent face à des institutions qui ne répondent pas à leurs besoins de manière adéquate, soit en raison d'une prise en charge inadéquate de leurs plaintes, soit à cause d'un système judiciaire trop lent et complexe. Il est donc urgent de réformer ces structures pour assurer une meilleure protection et un traitement respectueux des victimes.

Former les forces de l'ordre à accueillir les plaintes avec bienveillance

Le premier contact d'une victime de violence avec la police est souvent décisif. Un accueil bienveillant et professionnel est indispensable pour que la victime se sente soutenue et entendue. Malheureusement, de nombreux témoignages font état d'un traitement déshumanisant, où les femmes sont jugées, culpabilisées, ou même ignorées par les forces de l'ordre. Dans certains cas, la police minimise l'ampleur des violences subies, ou reporte le dépôt de plainte, ce qui contribue à renforcer le sentiment d'impuissance et d'injustice chez les victimes.

Il est donc crucial de former les policiers et gendarmes à recevoir les plaintes de violence de manière empathique et sans jugement. Ces formations doivent être régulières et adaptées, pour qu'elles incluent non seulement la compréhension des dynamiques de la violence conjugale et des violences sexuelles, mais aussi la manière dont ces violences impactent psychologiquement les victimes. Les agents de la force publique doivent être conscients des stéréotypes sexistes qui peuvent influencer leur jugement, afin de ne pas minimiser l'ampleur des faits. En outre, les policiers doivent être formés à comprendre la dynamique de manipulation psychologique qui sous-tend souvent les violences domestiques, et à reconnaître les signes de stress post-traumatique chez les victimes.

L'empathie et la bienveillance sont des éléments essentiels pour que les victimes aient confiance dans le système et osent porter plainte. Un accueil respectueux, sans jugement, et un soutien constant tout au long du processus judiciaire sont des clés pour que les victimes se sentent légitimées et soutenues. Cela inclut des protocoles clairs sur la manière de recevoir une plainte, le respect de la confidentialité, ainsi que des informations précises sur les recours légaux disponibles.

Rendre les procédures judiciaires plus rapides et accessibles

Outre une prise en charge de qualité par les forces de l'ordre, la rapidité et l'efficacité des procédures judiciaires sont essentielles pour garantir une réponse appropriée aux violences faites aux femmes. Actuellement, de nombreuses victimes sont confrontées à des procédures judiciaires longues, complexes et souvent traumatisantes, qui peuvent durer des années, sans résultat concret. La lenteur des procédures est un obstacle majeur pour les victimes, car elle prolonge leur souffrance et peut les décourager de poursuivre la procédure. Cela contribue à une forme de « justice lente » qui dissuade d'autres femmes de dénoncer leurs agresseurs.

Il est crucial de raccourcir ces délais, notamment en créant des procédures accélérées pour les cas de violences conjugales et sexuelles. Les violences faites aux femmes doivent être traitées avec une priorité qui reflète leur gravité. Pour ce faire, il est nécessaire de renforcer les moyens des tribunaux, d'attribuer des juges spécialisés en violences de genre, et de garantir une prise en charge rapide et systématique des plaintes. En parallèle, des dispositifs permettant de réduire les délais d'audition et de jugement doivent être mis en place pour assurer un traitement plus rapide des affaires.

De plus, la simplification des procédures judiciaires permettrait de rendre le processus plus accessible pour les victimes, notamment celles qui ont moins de ressources ou qui sont dans des situations de vulnérabilité. Trop souvent, les victimes sont confrontées à des démarches administratives complexes, à des procédures qui les accablent, voire à des obstacles linguistiques ou à des discriminations selon leur statut migratoire. Il est donc essentiel de faciliter l'accès à la justice, en simplifiant les démarches, en fournissant une aide juridique gratuite et en garantissant des traducteurs pour les femmes non francophones. Des guichets uniques ou des plateformes spécialisées pourraient centraliser les démarches pour les victimes, afin de leur offrir un soutien constant dans leurs démarches judiciaires.

L'accompagnement tout au long de la procédure

Un autre élément fondamental dans la réforme des systèmes judiciaires et policiers est l'accompagnement des victimes tout au long de la procédure. Les femmes qui ont vécu des violences doivent être soutenues de manière continue, non seulement par des professionnels de la justice, mais aussi par des travailleurs sociaux, des psychologues et des conseillers juridiques. Cela permet non seulement de garantir qu'elles puissent surmonter les difficultés rencontrées tout au long du processus judiciaire, mais aussi qu'elles aient accès à des informations sur leurs droits et sur les moyens de se protéger.

Il est aussi impératif que les victimes aient le droit de suivre l'évolution de leur dossier en temps réel, afin qu'elles ne se sentent pas exclues ou ignorées par le système judiciaire. Des mécanismes de communication clairs et transparents entre la justice et les victimes, comme un suivi personnalisé des plaintes, peuvent grandement améliorer l'expérience des victimes et les encourager à faire confiance au système. De plus, il est important que les victimes aient la possibilité de participer aux audiences judiciaires dans des conditions de sécurité optimales, avec des dispositifs de protection pour éviter tout contact avec l'agresseur, afin qu'elles ne se sentent pas à nouveau vulnérables face à lui.

Des lois plus adaptées, des poursuites systématiques et des sanctions plus sévères

Enfin, la réforme des systèmes judiciaires et policiers ne se limite pas à la rapidité des procédures. Il est également essentiel de mettre en place des lois adaptées à la réalité de la violence faite aux femmes et de garantir leur application effective. Dans de nombreux pays, bien que des lois existent contre les violences conjugales ou sexuelles, elles sont souvent mal adaptées à la réalité des violences psychologiques ou économiques, qui constituent également des formes de violence souvent invisibles. De plus, les peines associées aux violences faites aux femmes sont parfois disproportionnellement faibles, ce qui contribue à l'impunité des agresseurs.

Les systèmes judiciaires doivent donc mettre en place des sanctions plus sévères pour les auteurs de violences faites aux femmes, et garantir que chaque cas soit traité de manière équitable et rigoureuse. De même, les lois sur la violence conjugale doivent être révisées et renforcées afin de tenir compte des nouvelles formes de violence, comme la violence numérique, les violences économiques ou les violences verbales.

Ainsi, réformer les systèmes judiciaires et policiers pour mieux lutter contre les violences faites aux femmes passe par une approche systémique qui inclut la formation des forces de l'ordre, la simplification des procédures judiciaires, un accompagnement constant des victimes et des sanctions plus strictes contre les agresseurs. Cela nécessite un engagement fort des gouvernements, mais aussi des moyens financiers et humains pour mettre en place des réformes efficaces, capables de garantir une justice rapide, équitable et respectueuse des victimes.

4.4 Mobiliser la société civile

Mobiliser la société civile contre les violences faites aux femmes est un élément essentiel de la lutte contre ce fléau. La société civile, en tant que réseau d'acteurs non gouvernementaux – associations, mouvements féministes, organisations communautaires, citoyens – joue un rôle fondamental dans la sensibilisation, la prévention et l'accompagnement des victimes. En outre, la mobilisation des hommes, en tant qu'acteurs de changement et alliés des femmes, est un levier stratégique pour déconstruire les normes de domination et promouvoir une véritable égalité.

Le rôle des associations, des mouvements féministes, et des initiatives citoyennes

Les associations et les mouvements féministes ont été à l'avant-garde de la lutte contre les violences faites aux femmes, souvent en mettant en lumière des réalités ignorées et en défendant les droits des victimes dans des contextes où les institutions publiques sont lentes à réagir. Leur rôle est multiple : fournir un soutien direct aux victimes, faire pression sur les pouvoirs publics pour l'adoption de lois plus strictes et mieux appliquées, éduquer le public et sensibiliser les différentes communautés aux différentes formes de violences. Ces organisations assurent souvent une écoute bienveillante et des services d'accompagnement, allant de l'aide juridique à la prise en charge psychologique.

Les mouvements féministes, notamment ceux qui se sont organisés autour des slogans #MeToo ou #NiUnaMenos, ont permis de lever le voile sur des violences systématiques que les femmes subissent au quotidien, que ce soit dans le cadre intime, au travail, ou dans l'espace public. En dénonçant les violences sexuelles, les violences conjugales et la culture du viol, ces mouvements ont créé des espaces où les voix des survivantes sont entendues et validées. Ils ont également permis de remettre en question la tolérance sociale vis-à-vis de ces violences, en exigeant une réponse plus ferme et une justice plus équitable.

Les initiatives citoyennes, qu'il s'agisse de groupes locaux, de collectifs ou d'initiatives en ligne, jouent un rôle clé dans la diffusion d'informations, la mobilisation de fonds et la mise en œuvre d'actions concrètes pour soutenir les victimes. Elles sont souvent à l'origine d'innovations sociales, telles que des numéros d'écoute d'urgence, des refuges temporaires pour les femmes, ou des programmes éducatifs de sensibilisation. Ces initiatives sont essentielles pour combler les lacunes des institutions publiques et pour répondre aux besoins immédiats des femmes en détresse.

Les actions menées par la société civile ont aussi une fonction préventive, en travaillant à sensibiliser et éduquer la population à des comportements plus égalitaires, et en agissant contre les stéréotypes de genre et les discriminations. Les campagnes menées par ces organisations permettent de briser le silence qui entoure les violences faites aux femmes, et offrent des alternatives de soutien et de guérison aux victimes.

La place des hommes dans la lutte contre les violences faites aux femmes

L'un des aspects les plus importants de la mobilisation contre les violences faites aux femmes est la nécessité d'inclure les hommes dans ce processus de changement. Les violences sexistes et sexuelles ne concernent pas seulement les femmes en tant que victimes, mais également les hommes en tant que responsables et alliés dans la lutte pour l'égalité. Il est essentiel de déconstruire les normes masculines toxiques et de remettre en question l'idée qu'une partie des violences faites aux femmes serait « naturelle » ou justifiée.

Les hommes doivent être considérés comme des agents de changement. La remise en cause des stéréotypes de genre, qui imposent aux hommes des comportements violents, dominateurs ou insensibles, est essentielle pour freiner la reproduction de la violence. De nombreux programmes de prévention ont commencé à inclure les hommes dans des initiatives éducatives, en particulier dans les écoles ou au sein de communautés masculines, afin d'aborder les questions de domination, de consentement et de respect des droits des femmes. Les discussions sur l'impact de la masculinité toxique, par exemple, permettent de sensibiliser les jeunes hommes à l'importance du respect des femmes et à leur rôle dans la transformation des mentalités.

Les hommes peuvent aussi jouer un rôle crucial en tant que témoins et intervenants dans les situations de violence. Il est crucial de briser le silence et d'apprendre à agir de manière proactive lorsqu'on est témoin de violence envers une femme, que ce soit dans la rue, au travail, ou dans la famille. Les hommes doivent être encouragés à dénoncer la violence, à ne pas cautionner les comportements sexistes et à intervenir lorsque nécessaire, en s'opposant à des actes de violence ou de harcèlement. Dans ce cadre, des campagnes de sensibilisation ciblées auprès des hommes peuvent permettre de faire évoluer les mentalités et de renforcer l'engagement des hommes dans la lutte pour l'égalité.

Il est également essentiel que les hommes prennent leur place dans des espaces de discussion et de réflexion sur les violences faites aux femmes. Les forums masculins, les ateliers et les séminaires offrent aux hommes un espace pour exprimer leurs opinions, déconstruire les stéréotypes, et renforcer leur engagement en tant qu'alliés dans la lutte pour l'égalité. Cela inclut des formations sur les comportements respectueux et l'écoute des femmes, sur l'importance de l'égalité dans les relations intimes et sur la responsabilité de chacun dans la lutte contre les violences sexistes.

En somme, la mobilisation des hommes dans la lutte contre les violences faites aux femmes est non seulement une démarche nécessaire, mais elle est également une opportunité de transformer la société dans son ensemble. Les hommes ont un rôle essentiel à jouer dans la construction d'un avenir où la violence n'a pas sa place. De même, les mouvements féministes et les associations continuent d'être des acteurs majeurs de cette transformation, mais ils doivent pouvoir compter sur l'engagement et la solidarité des hommes pour porter un véritable changement. La solidarité entre les sexes, loin d'être une démarche d'oppression des hommes, est avant tout un levier pour une société plus égalitaire et plus juste pour tous.

Partie 5 : Perspectives Internationales

La lutte contre les violences faites aux femmes est un défi mondial qui nécessite une approche coordonnée et adaptée aux contextes culturels, économiques, et sociaux de chaque région. Si certaines nations ont adopté des politiques progressistes qui servent d'exemple, d'autres font face à des obstacles importants, notamment dans les pays en développement ou les contextes où les droits des femmes restent fragiles. Ce chapitre explore les avancées internationales, les bonnes pratiques à suivre, ainsi que les défis persistants.

Les exemples inspirants incluent des lois progressistes, comme en Suède ou en Espagne, qui ont instauré des cadres législatifs rigoureux pour prévenir et sanctionner les violences. Parallèlement, des campagnes globales telles que *#MeToo* ont joué un rôle crucial pour sensibiliser à l'échelle planétaire et amplifier les voix des survivantes. Cependant, des défis majeurs persistent : les violences restent largement répandues dans les pays en développement, exacerbées par la pauvreté et des systèmes judiciaires faibles. De plus, les questions intersectionnelles – où se croisent discriminations de genre, de race, d'orientation sexuelle ou de classe sociale – complexifient la lutte contre ces violences, appelant à des réponses inclusives et nuancées.

5.1 Exemples de bonnes pratiques

La lutte contre les violences faites aux femmes est portée par des initiatives exemplaires dans plusieurs pays, qui montrent qu'un cadre législatif, social et culturel peut évoluer pour mieux protéger les victimes et prévenir les abus. Parmi ces initiatives, les réformes progressistes en Suède et en Espagne ainsi que des campagnes mondiales comme *#MeToo* ont marqué des étapes importantes, servant de modèles à d'autres nations.

Les lois progressistes en Suède et en Espagne : inspirations pour d'autres pays

La Suède est souvent citée comme un exemple en matière de lutte contre les violences faites aux femmes, grâce à ses lois avant-gardistes et son approche globale pour promouvoir l'égalité des sexes. En 2018, le pays a adopté une législation sur le consentement, établissant que toute relation sexuelle sans consentement explicite constitue un viol, même en l'absence de menaces ou de violences physiques. Cette loi marque un tournant en reconnaissant l'importance cruciale du consentement dans les relations, et elle envoie un message fort sur la tolérance zéro envers toute forme d'agression sexuelle. En outre, la Suède investit dans des campagnes éducatives, ciblant notamment les jeunes, pour déconstruire les stéréotypes de genre et promouvoir des relations respectueuses.

L'Espagne, quant à elle, s'est distinguée par une réponse législative et institutionnelle robuste contre les violences de genre. La loi organique de 2004 sur les mesures de protection intégrale contre la violence de genre est une des plus complètes en Europe. Elle établit des mécanismes spécifiques pour la prévention des violences, la protection des victimes et la poursuite des agresseurs. Cette loi inclut la création de tribunaux spécialisés, des formations obligatoires pour les forces de l'ordre et les magistrats, et des campagnes publiques massives pour sensibiliser la société. L'Espagne a également mis en place un numéro d'urgence accessible et confidentiel, ainsi que des dispositifs électroniques pour surveiller les agresseurs ayant des interdictions de contact.

Ces lois suédoises et espagnoles ne se limitent pas à une simple répression : elles s'inscrivent dans une approche holistique qui combine justice, éducation, et soutien psychologique pour les victimes. Ces réformes inspirent d'autres pays en montrant qu'un engagement législatif fort peut transformer la culture et réduire significativement les violences faites aux femmes.

Les campagnes mondiales de sensibilisation comme *#MeToo*

Les campagnes mondiales telles que *#MeToo* ont joué un rôle déterminant pour briser le silence autour des violences sexuelles et sexistes. Lancé initialement en 2006 par l'activiste Tarana Burke, le mouvement a pris une ampleur mondiale en 2017 lorsqu'il a été repris sur les réseaux sociaux par des millions de femmes partageant leurs expériences d'abus et de harcèlement. Ce mouvement a permis de dévoiler l'ampleur systémique des violences, y compris dans des environnements professionnels prestigieux comme Hollywood, mais aussi dans des contextes ordinaires du quotidien.

#MeToo a eu un impact considérable sur plusieurs plans :

- **Visibilité des violences** : En encourageant les victimes à témoigner, la campagne a mis en lumière des récits longtemps tus, permettant une prise de conscience globale.
- **Responsabilisation des agresseurs** : Grâce au mouvement, de nombreux cas de violences ont été exposés, conduisant à des démissions, des procès, et des condamnations d'hommes de pouvoir. Cela a contribué à envoyer un signal clair sur les conséquences des comportements abusifs.
- **Réforme institutionnelle** : Dans plusieurs pays, *#MeToo* a poussé les entreprises et institutions à adopter des politiques de tolérance zéro contre le harcèlement sexuel, incluant des formations obligatoires sur le respect au travail et des mécanismes de signalement renforcés.
- **Changement culturel** : Le mouvement a élargi le débat sur les relations de pouvoir, le consentement et la culture du viol, posant les bases pour des discussions plus ouvertes et inclusives.

Au-delà de *#MeToo*, d'autres campagnes mondiales ont également marqué les esprits, comme *Ni Una Menos* en Amérique latine, qui lutte contre les féminicides et les violences conjugales, ou les initiatives d'organisations internationales comme ONU Femmes, qui coordonne des efforts mondiaux pour l'élimination des violences à travers des actions de sensibilisation et des programmes locaux.

Vers une adoption généralisée des bonnes pratiques

Les exemples de la Suède, de l'Espagne, et des mouvements globaux démontrent qu'il est possible de transformer les normes sociales et de réduire les violences faites aux femmes grâce à des lois robustes, des initiatives communautaires et une prise de conscience collective. Cependant, pour maximiser l'impact de ces bonnes pratiques, il est crucial que d'autres pays s'en inspirent et les adaptent à leurs contextes socioculturels. Cela nécessite des efforts concertés à l'échelle internationale, un partage des connaissances, et des investissements soutenus pour garantir que chaque femme, quel que soit son lieu de résidence, bénéficie d'une protection adéquate et d'un environnement sûr.

5.2 Les défis à relever

Malgré les avancées notables dans certains pays et régions, la lutte contre les violences faites aux femmes reste une tâche titanesque, marquée par des défis complexes. Ceux-ci varient selon les contextes, mais deux enjeux majeurs se distinguent : le combat contre les violences dans les pays en développement et la prise en compte des dimensions intersectionnelles, où les discriminations de genre se croisent avec d'autres formes d'inégalités.

Combattre les violences dans les pays en développement

Dans de nombreux pays en développement, les violences faites aux femmes atteignent des niveaux alarmants, exacerbés par des contextes de pauvreté, d'instabilité politique, et de structures sociales patriarcales fortement enracinées. Les mariages forcés, les mutilations génitales féminines (MGF), et les crimes d'honneur sont des pratiques qui persistent dans certaines régions, souvent soutenues par des normes culturelles ou religieuses.

Les obstacles structurels

Un des principaux défis dans ces contextes est le manque d'infrastructures pour protéger les victimes. Les refuges pour femmes, les centres d'assistance juridique et psychologique, et les services médicaux adaptés sont rares, voire inexistants dans de nombreuses zones rurales. Les femmes victimes de violences n'ont souvent aucun endroit où se tourner et doivent affronter seules les stigmates sociaux et économiques associés à leur situation.

Les systèmes judiciaires faibles

Les failles du système judiciaire sont également problématiques. Dans certains pays, les violences contre les femmes ne sont pas reconnues comme un crime distinct, ou les lois existantes sont mal appliquées. La corruption et le manque de formation des forces de l'ordre contribuent à l'impunité des agresseurs, dissuadant les victimes de porter plainte.

Les normes culturelles

Dans certaines cultures, les violences sont perçues comme une affaire privée ou une pratique normale. La pression sociale exercée sur les victimes pour qu'elles restent silencieuses est immense, notamment dans les cas où les violences sont considérées comme une « correction » justifiée par des comportements jugés inappropriés chez les femmes.

Pour relever ces défis, il est crucial d'intégrer la lutte contre les violences faites aux femmes dans les politiques de développement global. Cela implique d'investir dans l'éducation pour transformer les mentalités, de renforcer les systèmes judiciaires, et de collaborer avec les communautés locales pour remettre en question les normes patriarcales.

Aborder les questions intersectionnelles

La lutte contre les violences faites aux femmes ne peut être pleinement efficace si elle ne prend pas en compte les expériences différenciées des victimes en fonction de leur race, de leur classe sociale, de leur orientation sexuelle, ou de leur identité de genre. Les femmes issues de minorités raciales, les migrantes, les travailleuses précaires, et les personnes LGBTQIA+ sont particulièrement vulnérables aux violences, et ces expériences sont souvent ignorées dans les cadres traditionnels.

Les femmes racisées et migrantes

Les femmes issues de minorités ethniques et les migrantes sont confrontées à des formes spécifiques de violences liées à leur statut. Dans certains pays, elles subissent à la fois des violences genrées et des violences racistes, souvent dans des environnements de travail précaires ou dans des contextes de migration forcée. Leurs plaintes sont moins susceptibles d'être prises au sérieux, et elles hésitent souvent à demander de l'aide par peur de la discrimination ou de la déportation.

Les personnes LGBTQIA+

Les femmes queer et les personnes transgenres subissent des formes spécifiques de violences liées à leur identité, notamment les « violations correctives » ou les agressions motivées par la haine. Ces violences sont amplifiées par un manque de reconnaissance légale et sociale dans de nombreux pays. Par exemple, dans certains États où l'homosexualité est criminalisée, ces victimes n'ont aucun recours légal et risquent même des poursuites si elles signalent des violences.

La précarité économique

Les femmes en situation de pauvreté sont également plus exposées aux violences économiques et physiques, souvent parce qu'elles n'ont pas les ressources nécessaires pour quitter un environnement dangereux. Le travail informel, les conditions de vie insalubres, et l'accès limité aux services de santé et de justice amplifient leur vulnérabilité.

Une réponse globale et inclusive

Pour relever ces défis, il est impératif d'adopter une approche intersectionnelle dans la lutte contre les violences faites aux femmes. Cela signifie reconnaître et répondre aux formes multiples et croisées de discrimination qui rendent certaines femmes plus vulnérables. Les politiques publiques doivent inclure des mesures spécifiques pour protéger les groupes marginalisés, renforcer les cadres juridiques internationaux, et garantir l'accès équitable aux services de soutien.

En fin de compte, combattre les violences faites aux femmes nécessite non seulement des solutions locales et contextuelles, mais aussi un engagement mondial pour créer un environnement où chaque femme, indépendamment de son origine ou de son identité, peut vivre sans peur ni oppression

Conclusion : Ne Plus Être Spectateurs

La lutte contre les violences faites aux femmes exige un effort collectif et soutenu. Elle ne peut pas se limiter à des gestes symboliques ou à des journées commémoratives : elle doit devenir une priorité universelle. Nous avons tous un rôle à jouer, que ce soit en éduquant, en dénonçant, ou en soutenant.

Les violences faites aux femmes ne sont pas une fatalité. Elles sont le produit d'un système que nous avons le pouvoir de transformer. Briser le silence, éduquer, protéger, et punir sont autant d'actions que nous pouvons entreprendre, ensemble, pour faire de ce monde un lieu où chaque femme peut vivre en sécurité et dans la dignité.

Car derrière chaque statistique, il y a une vie.

Et chaque vie sauvée compte.

Annexes et Ressources

1. **Chiffres-clés mondiaux et nationaux sur les violences faites aux femmes.**

Les violences faites aux femmes constituent une crise mondiale d'une ampleur alarmante. À l'échelle internationale, près d'une femme sur trois a subi des violences physiques ou sexuelles au cours de sa vie, selon les données de l'Organisation mondiale de la santé. Ces chiffres révèlent une réalité systémique touchant tous les continents, indépendamment du niveau de développement économique.

Dans de nombreux pays, les féminicides, meurtres de femmes en raison de leur genre, continuent d'augmenter, avec des dizaines de milliers de victimes chaque année. Les zones de conflit exacerbent ces violences, où des milliers de femmes sont victimes de violences sexuelles utilisées comme armes de guerre.

À l'échelle nationale, les données montrent que les violences conjugales sont l'une des principales causes de blessures et de décès chez les femmes. Par ailleurs, de nombreuses victimes hésitent à signaler les abus en raison de la stigmatisation ou du manque de confiance envers les systèmes judiciaires. En parallèle, des disparités régionales soulignent l'urgence d'adapter les réponses locales aux spécificités culturelles et sociales.

Ces chiffres, bien qu'incomplets en raison du silence entourant ces violences, rappellent l'urgence d'agir pour protéger les droits fondamentaux des femmes et mettre fin à ces injustices profondément enracinées.

Dans son dernier rapport annuel, l'Observatoire national des violences faites aux femmes révèle qu'en 2022, plus de 370 000 femmes en France ont été victimes de violences physiques, sexuelles, psychologiques ou verbales infligées par leur conjoint ou ex-conjoint. Ces violences se caractérisent souvent par leur répétition, avec 70 % des victimes signalant des abus récurrents. Pourtant, les démarches pour accéder à la justice restent rares : seule une femme sur sept (16 %) ayant subi des violences conjugales a déclaré avoir déposé plainte, en raison d'obstacles tels que la peur, la stigmatisation ou un manque de confiance dans le système.

Les femmes sont majoritairement touchées par ces violences, représentant environ 75 % des victimes au sein du couple, contre 58 % pour l'ensemble des violences signalées en France. Parmi les 230 000 femmes ayant subi un viol, une tentative de viol ou une agression sexuelle en 2022, 62 % connaissaient leur agresseur. Dans près de 28 % des cas, ces actes ont été perpétrés par un conjoint ou ex-conjoint, et dans 22 %, par une personne de l'entourage proche, comme un collègue, un ami ou un voisin.

Enfin, les féminicides soulignent la gravité de ces violences : sur les plus de 800 homicides volontaires de femmes recensés en France entre 2019 et 2022, deux tiers (66 %) ont été commis par un conjoint ou ex-conjoint, mettant en lumière l'urgence de lutter contre ces violences systémiques.

L'ampleur de la violence faite aux femmes au sein du couple

Répartition des faits de violences sexuelles et féminicides subis par les femmes, selon le lien avec l'agresseur en France

Violences sexuelles

230 000 femmes ont été victimes de viols, tentatives de viol et/ou agressions sexuelles en **2022**

Féminicides

Un peu plus de **800 femmes** ont été victimes de féminicides **entre 2019 et 2022**

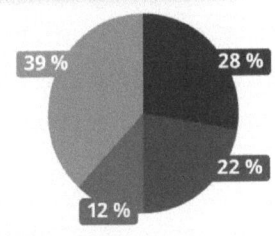
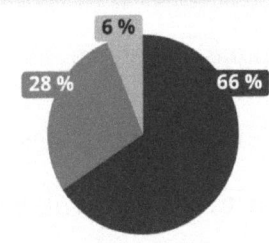

- (Ex-)conjoint
- Ami, collègue, camarade, voisin
- Autre auteur connu
- Auteur inconnu

- (Ex-)conjoint
- Autre membre de la famille
- Auteur hors du cercle familial

Données arrondies
Sources : ministère de l'Intérieur (enquête VRS 2023), DNPJ via ONUDC

statista

2. **Contacts utiles** : associations, numéros d'urgence, plateformes d'aide.

Belgique:

Police: 101
Violence contre les femmes: 0800 30 030

En Belgique, plusieurs associations et services offrent un soutien aux femmes victimes de violences. Voici quelques-unes des principales organisations et leurs numéros de téléphone :

Associations Nationales :

- **Téléphone Violences Conjugales** Numéro : **0800 30 030** (appel gratuit, disponible 24 heures sur 24, 7 jours sur 7). Ce numéro permet aux femmes victimes de violences conjugales d'obtenir de l'aide, des informations, et des orientations vers des services spécialisés.

- **Femmes en Détresse** Numéro : **02 548 09 09** (disponible du lundi au vendredi, de 9h à 18h). Cette association soutient les femmes confrontées à des violences domestiques et leur propose des conseils juridiques, psychologiques et sociaux.

- **Centre de Prévention des Violences Conjugales et Sexuelles** Numéro : **02 550 02 11**. Ce centre propose un soutien psychologique, juridique et médical aux femmes victimes de violences conjugales et sexuelles.

Associations Spécialisées :

- **Le Centre pour l'Égalité des Chances et la Lutte contre le Racisme (UNIA)** Numéro : **0800 12 800**. Bien qu'UNIA soit principalement un centre de lutte contre la discrimination, il offre également des services d'écoute et de soutien aux victimes de violences fondées sur le sexe et le genre.
- **SOS Viol** Numéro : **0800 98 100** (appel gratuit, disponible 24 heures sur 24). Cette ligne d'écoute est dédiée aux victimes de viols et d'agressions sexuelles, offrant un soutien immédiat et une orientation vers des structures spécialisées.
- **Aidants et Aides** Numéro : **02 219 11 00**. Cette organisation offre un soutien aux femmes confrontées à la violence domestique, en particulier dans le cadre de l'accompagnement juridique et psychologique.

Autres Contacts :

- **Ligne d'Écoute pour les Victimes de Violences Sexuelles (Belgique)** Numéro : **0800 98 100** (disponible 24h/24, 7j/7). Ce numéro permet aux victimes d'agressions sexuelles de bénéficier d'une écoute et d'un accompagnement vers des ressources spécialisées.

- **Fédération des Centres de Planning Familial** Numéro : **02 511 76 26**. La Fédération propose un accompagnement juridique et social aux femmes victimes de violences sexuelles, psychologiques et physiques.

Services Régionaux :

En Belgique, plusieurs régions (Bruxelles, Wallonie, Flandre) disposent aussi de numéros et de services spécifiques pour les victimes de violences. Il est possible de trouver des refuges, des maisons d'accueil, et des lignes d'écoute régionales qui offrent des services adaptés aux spécificités locales.

France:

Police secours: 17
Violences femme info: 3919

https://arretonslesviolences.gouv.fr/
https://fncidff.info/ (Centres d'Information sur les Droits des Femmes et des Familles présents sur tout le territoire, en France métropolitaine et en Outre-mer.)

Associations Nationales :

- **Fédération Nationale Solidarité Femmes (FNSF)** Numéro d'urgence : **3919** (appel gratuit et anonyme, disponible 7 jours sur 7, 24 heures sur 24). Ce numéro permet d'obtenir de l'aide, des informations et une orientation pour les femmes victimes de violences.

- **Ni Putes Ni Soumises (NPNS)** Numéro : **01 53 20 00 84** (du lundi au vendredi, de 9h à 18h). L'association lutte contre les violences sexistes et propose des actions de soutien aux femmes.

- **Osez le Féminisme !** Numéro : **01 44 53 77 73**. L'association mène des campagnes de sensibilisation et lutte contre les violences faites aux femmes.

- **En Avant Toute(s)** Numéro : **01 84 79 17 33**. Cette association offre un accompagnement aux jeunes femmes victimes de violences sexuelles et sexistes.

- **Planning Familial** Numéro d'urgence : **01 40 24 05 03**. Cette association propose des consultations juridiques et psychologiques, et lutte pour les droits des femmes, y compris contre les violences.

Associations Spécialisées :

- **La Maison des Femmes (Saint-Denis)** Numéro : **01 48 09 14 00**. Cette maison offre un soutien médical, juridique et psychologique aux femmes victimes de violences.

- **Collectif Féministe Contre le Viol (CFCV)** Numéro : **0 800 05 95 95** (appel gratuit et anonyme). Ce numéro est dédié à l'écoute des victimes de viols et d'agressions sexuelles. Il est disponible 7 jours sur 7, de 9h à 22h.

- **We All** Numéro : **01 80 50 73 00**. Cette organisation se concentre sur la lutte contre les violences sexuelles au travail et dans la société.

- **Violences Femmes Info** : Numéro d'écoute national : **3919** (service anonyme et gratuit). Ce numéro est également soutenu par le gouvernement et est ouvert à toute victime de violences.

Suisse:

Police: **117**
Violences faites aux femmes: **0800 24 00 24**

En Suisse, plusieurs associations et services sont dédiés à la lutte contre les violences faites aux femmes. Voici quelques-unes des principales organisations et leurs numéros de téléphone :

Associations Nationales :

- **Fédération Suisse des Centres de Consultation pour Femmes Violées (FSCFV)** Numéro : **0848 00 13 13** (appel gratuit, disponible 24 heures sur 24). Ce numéro permet aux femmes victimes de violences de bénéficier d'un soutien, d'informations et d'une orientation vers des structures spécialisées.

- **Violence Femmes Info (Suisse)** Numéro : **0800 24 00 24** (appel gratuit et anonyme, disponible 7 jours sur 7, 24 heures sur 24). Ce numéro est destiné à l'écoute des victimes de violences domestiques et offre des informations sur les démarches à suivre.
- **Terre des Femmes Suisse** Numéro : **026 322 14 34**. Cette organisation offre des conseils et un accompagnement juridique aux femmes victimes de violences, tout en luttant contre toutes les formes de discrimination.

Associations Spécialisées :

- **La Fondation Agir Contre l'Exclusion (FACE)** Numéro : **021 320 12 10**. La fondation soutient les femmes victimes de violences domestiques et leur offre des services d'écoute, d'accompagnement et de mise en relation avec des structures de soutien.
- **Centre de Consultation pour Femmes Violées (CCFV)** Numéro : **021 653 53 23**. Cette organisation est spécialisée dans l'accompagnement des femmes victimes de violences sexuelles, offrant des consultations médicales, psychologiques et juridiques.
- **SOS Femmes Genève** Numéro : **022 731 99 77**. Ce centre offre un accompagnement pour les femmes victimes de violences domestiques, y compris des services d'urgence et de soutien psychologique.

Autres Contacts :

- **La Hotline contre les violences sexuelles (Suisse)**
  Numéro : **0800 01 22 33** (appel gratuit et anonyme). Ce service est dédié à l'écoute des femmes victimes d'agressions ou de violences sexuelles.

- **Pro Juventute - Ligne d'écoute pour enfants et adolescents**
  Numéro : **147** (disponible 24h/24, 7 jours sur 7). Bien que cette ligne soit principalement dédiée aux jeunes, elle offre également un soutien aux victimes de violences domestiques et peut orienter vers des services adaptés.

3. **Outils pour agir** : comment repérer les signes de violence, soutenir une victime, ou militer pour des changements.

PROFITE
Ta relation est saine quand il...

- Respecte tes décisions et tes goûts
- Accepte tes ami-e-s et ta famille
- A confiance en toi
- Est content quand tu te sens épanouie
- S'assure de ton accord pour ce que vous faites ensemble

VIGILANCE, DIS STOP !
Il y a violence quand il...

- T'ignore des jours quand il est en colère
- Te fait du chantage si tu refuses de faire quelque chose
- Rabaisse tes opinions et tes projets
- Se moque de toi en public
- Te manipule
- Est jaloux en permanence
- Contrôle tes sorties, habits, maquillage
- Fouille tes textos, mails, applis
- Insiste pour que tu envoies des photos intimes
- T'isole de ta famille et de tes ami-e-s

PROTÈGE-TOI, DEMANDE DE L'AIDE
Tu es en danger quand il...

- Te traite de folle quand tu lui fais des reproches
- "Pète les plombs" lorsque quelque chose lui déplaît
- Te pousse, te tire, te gifle, te secoue, te frappe
- Menace de se suicider à cause de toi
- Te touche les parties intimes sans ton consentement
- Menace de diffuser des photos intimes de toi
- T'oblige à regarder des films pornos
- T'oblige à avoir des relations sexuelles

Bibliographie:

- **Amnesty International:** « Les violences faites aux femmes en France: une affaire d'état », Autrement, 206, 208 pages.
- **Andrzejewski, Cécile**: « Silence sous la blouse », Fayard, 2019, 240 pages.
- **Assenguet, Annie Flore**: « Arrêter la violence faite aux femmes et aux filles », La Doxa Editions, 2024, 148 pages.
- **Bacot, Valérie:** « Tout le monde savait », Fayard, 2021, 208 pages.
- **Benoit, Monique**: « La violence faite aux femmes et l'état de stress post-traumtique », Kindle, 2018,
- **Bouchoux, Jean-Charles**: « Les pervers narcissiques: Qui sont-ils ? Comment fonctionnent-ils ? Comment leur échapper ? », Eyrolles, 2019, 192 pages.
- **Boutboul, Sophie et Bernard, Alizé**: « Silence, on cogne: Enquête sur les violences conjugales subies par des femmes de gendarmes et de policiers», Grasset, 2019, 384 pages.
- **Brunel, Chantal**: « Pour en finir avec les violences faites aux femmes », Cherche Midi, 2010, 264 pages.
- **CESE et Vion, Pascale**: « Combattre toutes les violences faites aux femmes, des plus visibles aux plus insidieuses », Evergreen, 2015, 112 pages.
- **Delcourt, Thierry**: « Hystériques? Histoire de la violence thérapeutique faite aux femmes », Eyrolles, 221, 192 pages.
- **Dufour, Daniel**: « Le bout du tunnel: Guérir du trouble de stress post-traumatique », Editions de l'Homme, 2018, 248 pages.
- **Esposito, Anna**: « Violences faites aux femmes: un regard sur le Moyen Age », Uga Editions, 2022, 378 pages.
- **Guillet, Lucille**: « Harcelées », 2024, 66 pages.

- **Hirigoyen, Marie-France**: « Femmes sous emprise: Les ressorts de la violence dans le couple », Oh Editions, 2005, 299 pages.
- **Jaspard, Maryse**: « Violence contre les femmes », La découverte, 2005, 122 pages.
- **Lacombe, Laura**: « Survivre à un Pervers Narcissique », 2024, 181 pages.
- **Lange, Alexandra:** « Acquittée, je l'ai tué pour ne pas mourir », J'ai lu, 2013, 288 pages.
- **Le Nouvel, Isabelle:** « La femme qui n'aimait plus les hommes », Michel Lafon, 2021, 208 pages.
- **Maurel, Erick**: « Les violences faites aux femmes: aspects juridiques et judiciaires », Enrick, 2021, 463 pages.
- **Mesmin, Claude**: « Les violences faites aux femmes », La Route, 2017, 336 pages.
- **Mukwege, Denis:** « Réparer les femmes: Un combat contre la barbarie », Mardaga, 2019, 156 pages.
- **Perez, Stanis**: « Le corps des femmes: Mille ans de fantasmes et de violences – XIe-XXIe siècles », Perrin, 2024, 432 pages.
- **Rochelandet, Brigitte et Steyer, Isabelle**: « Histoire des violences faites aux femmes: Humiliations, violences sexuelles, féminicides », Editions Cêtre, 2024, 112 pages.
- **Schiappa, Marlène**: « Les droits des femmes face aux violences », Dalloz, 158 pages.
- **Walker, Peter**: « Le trouble de stress post-traumatique complexe», Dangles, 2024, 432 pages.

Sommaire:

Partie 1 : Les Racines de la violence faite aux femmes :   6
1.1 La violence comme outil de domination   10
    L'histoire des rapports de pouvoir   13
    Le rôle des idéologies religieuses et culturelle   15
    Les stéréotypes de genre comme mécanisme de contrôle 18
1.2 Quand la société ferme les yeux   21
    La minimisation des violences   21
    La culture du silence   25
    L'échec des institutions   28
    La complicité indirecte des systèmes judiciaires et policiers   32

Partie 2 : Les différens types de violence   38
2.1 Les violences physiques et sexuelles   39
    Les chiffres mondiaux alarmants   43
    Les dynamiques de pouvoir   47
    Le viol comme arme de guerre   51
2.2 Les violences économiques   56
    La dépendance financière comme outil de contrôle   60
    Les inégalités systémiques   64
2.3 Les violences institutionnelles et politiques   68

Partie 3 : Les Conséquences Invisibles   74
3.1 Traumatisme et santé mentale   75
3.2 Impact intergénérationnel   80
3.3 Les coûts pour la société   84

Partie 4 : Lutter contre les Violences, Approche Globale 89
4.1 Prévention : Éduquer pour déconstruire   90
　L'importance de l'éducation à l'égalité dès le plus jeune âge   90
　Rôle des médias dans la diffusion ou la déconstruction des stéréotypes   92
4.2 Soutenir les victimes   94
　Renforcer les structures d'accueil et de soutien   95
　Mettre en place des politiques de tolérance zéro au sein des entreprises et institutions   96
4.3 Réformer les systèmes judiciaires et policiers   99
　Former les forces de l'ordre à accueillir les plaintes avec bienveillance   99
　Rendre les procédures judiciaires plus rapides et accessibles   100
　L'accompagnement tout au long de la procédure   102
　Des lois plus adaptées, des poursuites systématiques et des sanctions plus sévères   103
4.4 Mobiliser la société civile   104
　Le rôle des associations, des mouvements féministes, et des initiatives citoyennes   104
　La place des hommes dans la lutte contre les violences faites aux femmes   106

Partie 5 : Perspectives Internationales   109
5.1 Exemples de bonnes pratiques   110
　Les lois progressistes en Suède et en Espagne : inspirations pour d'autres pays 110
　Les campagnes mondiales de sensibilisation comme *#MeToo*   111
　Vers une adoption généralisée des bonnes pratiques   113

5.2 Les défis à relever   113
  Combattre les violences dans les pays en développement   114
    Les obstacles structurels   114
    Les systèmes judiciaires faibles   115
    Les normes culturelles   115
   Aborder les questions intersectionnelles   115
    Les femmes racisées et migrantes   116
    Les personnes LGBTQIA+   116
     La précarité économique   116
    Une réponse globale et inclusive   117
  Conclusion : Ne Plus Être Spectateurs   118

Annexes et Ressources
   4. **Chiffres-clés mondiaux et nationaux sur les violences faites aux femmes.   119**
   5. **Contacts utiles : associations, numéros d'urgence, plateformes d'aide.   122**
       Belgique   122
       France: 124
       Suisse: 126
   6. **Outils pour agir : comment repérer les signes de violence, soutenir une victime, ou militer pour des changements.   128**

Bibliographie: 130
Sommaire   133

**Car derrière chaque statistique,
il y a une vie.**

Et chaque vie sauvée compte.

lelivre@netc.fr